U0120536

新时代
培训师

职业素养

陈霞 张涛 ◎编著

上海教育出版社
SHANGHAI EDUCATIONAL
PUBLISHING HOUSE

前　　言

　　校外教育在我国教育发展历史中具有重要的地位,与学校教育、家庭教育之间形成了良性的动态关系,在落实立德树人根本任务中发挥了独特而重要的育人作用,具有特别的社会地位和影响力,得到了社会的高度认可和积极评价。党的十八大以来,国家非常重视对社会培训机构的功能和定位的界定,强化对社会培训机构的系统治理和规范化引导。2021 年 7 月,中共中央办公厅、国务院办公厅印发《关于进一步减轻义务教育阶段学生作业负担和校外培训负担的意见》,教育系统进入到一个新的发展变革阶段,校内外教育深度改革同步推进,校内教育和校外教育关系发生新变化。这也给社会培训机构及其从业人员的生存发展带来新挑战,对社会培训机构从业人员的综合能力和素养提出更高的要求。

　　社会培训机构从业人员(尤其是从事教学及教学研发相关工作的人员)的职业素养、教育理论基础、教学与科研技能等,直接影响着校外教育的质量,决定着社会培训机构的办学水平和育人能力。为进一步加强对社会培训机构从业人员的管理,规范机构和从业人员的培训行为,2021 年 9 月,教育部办公厅、人力资源社会保障部办公厅联合印发了《校外培训机构从业人员管理办法(试行)》,对校外培训机构从业人员的界定、组成、结构以及面对不同年龄段教育对象的专职教学人员比例等做出了明确规定,并强调要进一步加强对校外培训机构从业人员的管理,提升行业治理能力和治理水平,保障落实"双减"改革任务。

　　当前,社会培训机构从业人员进入门槛低、人员职业素质良莠不齐,且人力资源考评体系中缺乏社会统一的考评体系和认证机制。这些都在某种程度上使得社会培训机构的教学、安全问题频出。因此,有必要关注并加强对该类从业群体的职业和专业培训以及相关资质认证,也亟待建构一套与校内教育从业教师相对应的从进入行业到职业生涯专业成长的综合能力测评、认证和管理系统,形成配套的培训教材、学习课程考评服务体系,即开发一套能够真正促进社会培训机构从业人员岗位能力提升和专业发展的教材,形成一套相应的培训学习课程、试题资源库,以便在对社会培训机构的良性发展进行规范化监管的同时,提高从业人员的整体专业素养。

正是在此背景下,为了使上海市社会培训机构从业人员职业道德、教育教学专业水平和综合素养能够适应当前教育发展态势的快速转变,建立起一套专业的从业人员专业能力测评与支持体系,原上海市师资培训中心作为市级基础教育到高等教育教师职后教育的专业研究与实施机构,在上海市教育委员会校外教育培训管理处的领导下,联合上海市培训协会等专业机构,立足上海市社会培训机构从业人员专业发展现状,指向从业人员的综合胜任力提升,特别设立"校外从业人员胜任力提升"项目组,开展全面的社会培训行业发展动态、相关从业人员专业能力水平和发展需求调研,逐步完善能力测评标准体系,编写了本套教材,作为能力测评和资质认证的重要参考材料,并开发相应的培训课程,作为全面提升社会培训机构从业人员专业水平的学习和培训材料。

上海市校外从业人员能力提升项目教材编写组

2023 年 6 月

目录

第一章

社会培训概述

社会培训是我国教育体系的重要组成部分,是把社会主义核心价值体系融入国民教育全过程的重要载体,是学习型社会培养终身学习者的重要一环,是全面实施素质教育的重要途径之一。

作为在社会培训中承担教学工作的人员——培训师,你是否了解自己的工作领域和工作性质?在开始本章的学习前,请思考以下问题:(1)社会培训和社会培训机构具体指什么?(2)社会培训具有哪些显著特征?(3)你目前所承担的教学工作属于哪一类社会培训?(4)社会培训的发展脉络是怎样的?(5)社会培训在教育系统中的功能定位是什么?(6)社会培训具有哪些价值?(7)一名专业的培训师应具备哪些职业素养?本章我们将带领大家全面认识社会培训,树立崇高的工作信念,实现职业素养的提升。

第一节　社会培训的内涵

【互动 1】

下列选项所论述的内容中哪些不属于社会培训的范畴？（多选）请在相应的选项前打"√"并分享你的判断标准。

A. 4 岁的壮壮报名参加了围棋、跆拳道两个兴趣班。

B. 小红参加了少年宫开展的"童心向党"系列主题活动。

C. 小董参加了某培训机构的数学培优班。

D. 小杨参加了某培训机构的播音主持培训班。

E. 小张参加了大学生英语等级考试培训班。

F. 小沈参加了国家公务员考试培训课程学习。

G. 小李参加了公司为其报名的人力资源总监实战班。

H. 王阿姨参加了某画室的油画课与插画课学习。

I. 刘大爷参加了某社区学院举办的老年数字素养培训班。

我的判断标准：＿＿＿＿＿＿＿＿＿＿＿＿＿＿＿＿＿＿＿＿＿＿＿＿

＿＿＿＿＿＿＿＿＿＿＿＿＿＿＿＿＿＿＿＿＿＿＿＿＿＿＿＿＿＿＿＿＿

一、社会培训的定义

社会培训由法国总理米歇尔·德勃雷于 1959 年倡议，原指法国为成人提供职业性、文化性、政治性和娱乐性教育的一种形式，个体通过培训，可以提高职业技能与文化水平，从而推动社会进步。[①] 本书所指的社会培训在原有基础上拓

---

① 顾明远.教育大辞典［M］.上海：上海教育出版社，1998.

宽了培训对象和培训内容,整合了针对成年人的培训与针对青少年儿童的校外培训,丰富了社会培训的内涵和外延。具体来看,在法律层面社会培训隶属于民办教育,是我国社会主义教育事业的重要组成部分,是"国家机构以外的社会组织或者个人,利用非财政性经费,面向社会全体成员举办的有偿教育活动,开展培训的一系列活动由社会培训机构组织并管理"。其中,社会培训机构是指"社会组织或者个人利用非财政性经费举办,以教育咨询和服务的名义注册,采取商业化运作方式,依据学习者的需要提供教学服务或教学产品的培训机构"。根据上述分析,我们将社会培训界定为:由社会培训机构的相关人员在学习者闲暇时间组织并开展的,以提升学习者思想道德水平、提升学习者综合素质、增强学习者生活技能、培养学习者创新精神和实践能力等为目标,对具有特定学习需求的学习者进行有偿专门训练或非学历再教育的教育实践活动。

认识社会培训,需要明确把握四点:(1)社会培训是有目的、有组织的教育活动,拥有成熟的运营管理流程、严谨的课程体系和专业的工作人员;(2)社会培训面向的对象是社会全体成员,学习者的年龄范围较大,因而培训内容十分丰富;(3)社会培训是有偿的,区别于政府公共文化机构、少年宫、社区等部门提供的公益性教育活动,学习者必须支付一定的费用才能参与学习;(4)社会培训和学校教育具有平等的地位,两者是在不同时空条件下面向学习者开展的教育活动。

二、社会培训的关键特征

随着社会经济和文化的发展,社会培训的内涵和外延也在不断变化,形成了有别于其他类型教育的显著特征。为了进一步帮助培训师认识社会培训,我们总结出社会培训的七个关键特征[1][2][3]。对这些特征的科学把握是培训师在工作中发挥社会培训优势,促进培训内涵发展和品质提升的重要前提。

---

① 侯怀银,张宏波."社会教育"解读[J].教育学报,2007(4).
② 康丽颖.现代校外教育的基本特征[J].教育评论,2001(1).
③ 周翠萍.论校外培训机构的特点、问题及定位监管[J].教育科学研究,2019(10).

（一）育人性

"立德树人"是我国所有教育活动的根本任务,社会培训作为面向社会办学的教育实践活动,育人性是其本质属性。当前我国处于开放的国际环境与多元文化的背景中,社会培训由于涉及科学文化、政治法律、文学艺术等多种类别知识的传播,成为把社会主义核心价值观融入教育全过程的重要途径。社会培训的目标是在实现合理盈利的背景下,承担为学习者服务、为社会培养创新型和应用型人才的社会责任,促进学习者的社会化,引导学习者形成正确的人生观、价值观,明确社会角色,具备社会道德,承担社会责任。

（二）广泛性

参与社会培训的学习者类型广泛,已扩展到了社会每一个具体的成员。随着终身学习理念逐渐深入人心,社会发展和知识更新速度加快,每个人都需要不断更新知识以适应自己所扮演的各类社会角色。社会培训对各个年龄阶段、各行各业的人员都有重要意义,不仅可以弥补学校教育的不足,满足学习者的个性化发展需求,还能提高学习者的生活质量和幸福感。社会培训的这些特征使其成为现代社会教育体系中的重要组成部分。

（三）多样性

社会培训与社会生活、生产劳动等相融合,培训形式灵活多样,突破了教室教学的空间束缚,将学习环境延伸到多个空间,拓展到线上。培训内容丰富多彩,涉及文化知识、科学技术、艺术素养、体育健康等,培训课程不受统一的教学计划、大纲的限制,也不需要通过分数衡量学习者的学习效果,因此社会培训的课程和教学设计更加灵活,富有创新性。在学习型社会中,社会培训更能体现教育对创新型和应用型人才培养的要求。

（四）自主性

政府提供基本的、公平的学校教育服务,社会培训则提供个性化的、有偿的培训服务。社会培训能够满足学习者个性化的学习需求,参与社会培训建立在学习者自主选择和充分自愿的基础上。当受约束的、单调的、被动的活动减少,学习者由被制约转向自主时,个体的自由充分发展就成为可能。社会培训的自主性特征表现在学习者可以根据个人的兴趣和学习需要自主选择是否接受培训以及在什么时间以何种方式接受某种类型的培训。这为个体的全面发展和创造力开发开辟了新的途径。

（五）体验性

体验学习是基本学习形式之一，大致可以分为直接体验和模拟体验两类。其重要价值在于个体在活动中获得对于现实的真实感受，这种内心体验是形成认识、将认识转化成行为的原动力。社会培训具备开展体验学习的场所和条件，重视每一位学习者的学习体验，往往通过模拟真实情境、实地参观、角色扮演等形式，通过学习者亲身体验的学习，让他们懂得并非只有理论知识的学习才是学习，实践是一切知识和智慧的真正源泉。这种认知的转变对于个体来说具有重要价值和意义，有利于发展个体的智力，培养个体的能力和非智力品质。

（六）针对性

社会培训机构提供的培训一般称为培训项目、培训课程和训练营等，培训内容往往不强调系统性和完整性，常以主题化、项目化的形式呈现，旨在提高学习者的问题解决能力。培训时间具有阶段性和短期性，与学校教育相比，社会培训的时间更短，常常是小班化教学。社会培训的相关工作人员分工明确，在培训中各司其职，因此能高效地开展培训。总的来说，社会培训的针对性表现在针对某个特定的阶段，针对学习者明确的学习需求，制定有针对性的培训目标，在短时间内使学习者某种专项能力和水平得到显而易见的进步。

（七）市场性

其一，社会培训属于投资办学，社会培训机构是培训市场中的独立个体，必须具有强烈的市场意识、核心竞争力和灵活的运行机制，满足市场对人才培养的需求。良好的培训产品质量和培训服务质量是培训机构立足市场、在竞争中取胜的根本所在。其二，社会培训本质上是一种面向社会办学的教育活动，教育属性是其本质属性。社会培训的目标是在实现合理盈利的背景下，承担为学习者服务、为社会培养创新型和应用型人才的社会责任。社会培训的教育属性与市场属性是一对矛盾统一体,教育属性是社会培训的本质与底色,市场属性则是社会培训持续发展的动力。

三、社会培训的类型

关于社会培训的类别划分,目前学术界还没有统一的标准,从不同角度出发,可以把社会培训划分为不同的类型。比如,按照培训目的,可以划分为职业需求类、文化教育类、生活质量提升类;按照培训对象,可以划分为针对学前阶段(3—6岁)的培训、针对K12阶段(7—18岁)的培训、针对成年阶段(19岁及以上)的培训。

按照培训内容,可以划分为三类[1]。一是与学校教育内容相联系的学科类培训。学科类培训以提高学习者的学科成绩为目的,对学校的教学内容进行巩固与强化,从而帮助学习者更好地完成知识学习任务。它包括通过线上或者线下方式面向中小学生实施的各个学科的查漏补缺和培优。二是作为学校教育补充拓展的素质类培训。素质类培训以提高学习者各类素养和综合竞争力为目的,从而帮助学习者更好地适应社会发展。它包括通过线上或者线下方式实施语言类、体育类、艺术类、科创类等培训活动。三是作为学校教育延伸的继续教育类培训。继续教育类培训能够为学习者进行更高水平的深造做准备,满足学习者的工作和生活需求。它包括通过线上或者线下方式实施职业资格考试培训、职业技能类培训、企业员工培训、生活技能培训等。

按照培训形式,可以划分为面对面实地培训、在线(直播/录播)远程培训、线上线下混合式培训三类。面对面实地培训中,培训师与学习者可以深度互动与反馈。这能够促进情感交流,增强社会信任和临场感等。在线(直播/录播)远程培训不受时间、空间约束,不受班级规模影响。学习者可以充分利用优质的线上资源,进行资源分享和个性化学习。线上线下混合式培训有机整合在线(直播/录播)远程培训与面对面实地培训的优势,实现了互补。确定具体培训形式时,需要结合学习者的需求及培训内容等进行综合考量。

---

[1]　王羽.浅析当前中小学校外培训问题——从校内外教育差异性分析着手[J].教育观察,2012(8).

图1-1从培训对象、培训内容、培训形式三个维度对社会培训进行了分类。

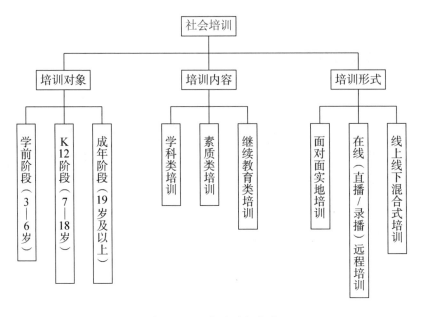

图1-1　社会培训分类图

第二节　社会培训的价值

【互动2】

作为一名培训师，你的日常工作包括哪些内容？你如何看待自己工作的价值？请简要描述并与同伴分享你的想法。

_____

_____

一、社会培训行业的发展脉络

社会培训行业的产生与社会发展需要密切相关,随着社会需求的变化,社会培训行业也在动态发展。我国社会培训行业兴起于20世纪80年代。各行各业对专业人才的需求激发了不同学习者对技术培训、文化补习的热情。一些热心于教育的社会人士和离退休教师面向社会开办了技能培训学校、文化补习学校、外语进修学校等,社会培训开始起步。20世纪90年代,社会培训快速发展。1993年,中共中央、国务院发布《中国教育改革和发展纲要》提出,改变政府包揽办学的格局,逐步建立以政府办学为主体、社会各界共同办学的体制,对民办教育采取积极鼓励、大力支持、正确引导、加强管理的方针。社会培训机构在此方针的指引下,进入快速发展阶段。随着市场经济、对外贸易的发展,这一时期出现了多种类型的培训机构。

进入21世纪,随着人民群众生活水平的提高,大家开始重视自我提升和生活质量,对教育的需求日益多样化。资本涌入社会培训行业,社会培训迎来发展热潮,针对中小学生的学科培训大量涌现出来,产业形态从家庭教育模式演变为机构教育模式,从大班化教学演变为小班化教学,甚至"一对一"培训。凭借现金充足、利润巨大的优势,通过融资、上市、资本运作,大批社会培训机构快速扩张。随着市场竞争的日趋激烈,社会培训机构开始分化,部分社会培训机构在市场中树立了品牌,赢得了消费者的肯定和信赖,一批社会培训机构扎堆上市,大型教育培训集团开始形成。也有许多社会培训机构淹没在洪流中。

随着资本的大量涌入,社会培训机构的师资队伍结构越来越复杂,行业内商业氛围远超教育氛围,新时期的社会培训迫切需要规范与整顿。中国教育学会统计的数据表明,仅中小学课外辅导市场的收入总量便超过千亿元,参加各类课外辅导的学习者数量超过适龄在校学习者总数的三分之一。随着互联网技术与教育培训行业的进一步融合,教育培训逐渐呈现"线上+线下"、新技术化、资本运作程度加深等趋势。大型创业团队与上市公司介入社会培训市场后,资本运作带来了社会培训的"表面繁荣",但实质上并未深入落实立德树人根本任务。

　　为彻底扭转这种乱象,社会培训行业开启了重塑教育生态的新篇章。2018年,国务院办公厅印发《关于规范校外培训机构发展的意见》,重点治理校外培训行业。2019年,教育部等六部门联合印发《关于规范校外线上培训的实施意见》,这是国家层面颁布的专门针对校外线上培训的规范性文件。2021年,教育部成立校外教育培训监管司,主要承担面向中小学(含幼儿园)的校外培训管理工作,监督校外培训机构设置、培训内容、培训时间、人员资质、收费等相关标准和制度的执行,旨在保障学习者和家长的权益,净化市场,促进教育公平。2021年,中共中央办公厅、国务院办公厅印发《关于进一步减轻义务教育阶段学生作业负担和校外培训负担的意见》,"双减"的本质是让教育回归本源,构建良好的教育生态。为保障社会培训行业的健康发展,各级政府加强了对社会培训机构举办主体的引导和监督。一是以引导为根本。引导民间资本投资重点转向素质拓展类学习,实现德、智、体、美、劳全面覆盖和五育并举。二是以监督为重点。利用互联网大数据等,严厉打击包括超前收费、虚假宣传、天价课程、制造焦虑等在内的违法违规行为,维护校外培训机构的正常发展秩序。[1][2]

　　当前,以数字技术为特征的新技术广泛而深入地影响人类社会生活的各个领域,深刻地重塑着人们的价值观念和生活方式。作为社会发展的重要领域,教育也不可避免地受到信息化的洗礼和冲击。社会培训同样要跟随教育现代化的步伐,朝着信息化、网络化、智能化、数据化、专业化方向发展(见图1-2)。具体来说,学习者从学习传统的线下课转变为学习线上的直播课或录播课,借助技术进行个性化学习;培训师借助技术能够做好学习者的学习数据分析工作,精准地进行教学决策,培训师的职业素养和专业水平也将大大提高。信息技术在教育领域的全面应用,不仅会带来教育形式和学习方式的重大变化,也必将使教学内容、教学手段、教学方法和教学模式产生深刻变革,并最终推动教育思想、教学观念、教与学的理论乃至整个教育体制的根本变革。社会培训应充分利用信息化带来的机遇,促进自身健康、科学发展。

① 易凌云,李振文.我国中小学生校外学习状况调查研究[J].中国德育,2022(2).
② 景安磊,周海涛.我国民办教育改革发展的回顾与思考[J].宁波大学学报(教育科学版),2020(2).

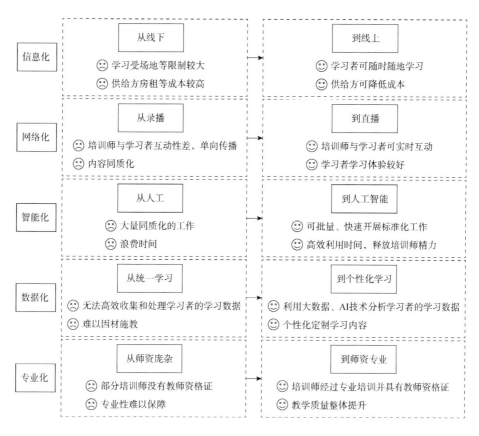

图 1-2　社会培训的发展趋势

二、社会培训的功能定位

以往,社会培训在国民教育系统中边界不清、身份模糊。《中华人民共和国民办教育促进法》明确提出,社会培训与公办学校具有同等的法律地位,国家保障社会培训机构教职工和受教育者的合法权益。随着社会的发展,社会培训在社会功能方面的定位也发生了变化,我们围绕社会培训与学校教育的关系,梳理了社会培训功能定位的演进①,见图 1-3。把社会培训视作学校教育的延伸与补充,实质上是突出学校教育的价值优先性,忽视了社会培训的独特性与独立

---

① 刘登晖.我国校外教育功能定位流变及其现代转向[J].湖南师范大学教育科学学报,2016(5).

性。二者并举的功能定位在明确社会培训主体地位的同时并没有阐明其与学校教育的协作关系,造成校内外教育疏离。协同的功能定位则为社会培训划定了边界、明确了身份。下面对协同功能定位的内涵进行详细阐述。

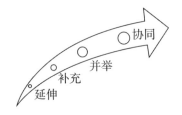

图1-3 社会培训的功能定位演进

第一,社会培训与学校教育是国民教育系统的两个子系统,两者在不同的时空条件下利用自身独特的资源优势发挥着育人作用,两者的地位平等。如果厚此薄彼必然会对整个国民教育系统功能发挥产生不良影响。而"各做各的"这一发展思路显然也不利于教育资源的分配和共享。因此,打破价值优先性的特权和各自为政的实践惰性,从并行走向协作,形成与学校教育互补共融的校内外育人的共同体,在协同中激发教育发展的活力,让优质资源惠及所有人,才能推动国民教育优质发展。

第二,校内外走向协同发展应坚持人本主义的基本立场,人本主义强调尊重学习者的主体地位。在人本主义看来,社会培训不是"学校做什么就做什么"(延伸与补充)或"学校做什么就不做什么"(并举),而是"什么有利于学习者的发展就做什么"(协同)。以学习者为中心才是社会培训功能定位的核心要旨,是协同发展的根本价值指向。社会培训因其丰富多彩的课程设置、灵活多样的教学形式、开放自由的管理模式,在满足学习者全面和个性化发展方面具有不可替代的作用,成为我国素质教育不可分割的组成部分。

以往,社会培训与校内教育系统合作不够密切。校外丰富的课程资源、活动形式不能得到有效开发利用,学校教育先进的管理理念、教学成果不能得到有效吸收借鉴。在协同视域下,社会培训是国民教育系统不可分割的组成部分,学校教育和社会培训在协同互动中促进素质教育的发展。协同不仅明确了社会培训的主体性,还打破了校外教育的封闭状态,明确了社会培训在素质教育中的地位与价值,为社会培训的可持续发展奠定了基础。

三、社会培训的价值意蕴

社会培训行业满足了不同学习者对补差性教育、培优性教育、发展性教育的需求,为其提供了个性化、多元化的教育服务。社会培训行业在促进教育思想观念和教学方式更新、推进教育现代化发展方面发挥着重要作用,已成为我国教育事业一个不可或缺的组成部分,具有广阔的发展前景。社会培训的改革与发展不仅关系到整个国民教育系统变革的成败,也关系到人才培养质量的高低。具体来说,社会培训的价值体现在以下四方面。

（一）扩大教育资源,满足学习者多样化、个性化的学习需求

社会培训在培养高素质、创新型、应用型人才,满足人民群众多层次、多样化和个性化的教育需求方面有着巨大的潜力和优势。社会培训整合了很多优质教育资源,增加了教育资源总量。部分社会培训机构通过国际合作,在一定程度上促进了教育思想观念和教学方式的更新[①],引进了新的技术手段,拓展了教育资源。

（二）发挥育人价值,促进人的自由全面发展

社会培训围绕人类共生价值和国家核心价值,大力实施生命教育、生存教育和生活教育,使学习者了解生命价值,增长生存智慧,形成生活信仰,实现人生幸福。社会培训能够培养富有自由意志、独立人格、大爱情怀、创造能力和社会责任感的公民,建构民主、自由、平等、公正、法治、幸福的共生社会,促进人的自由全面发展。[②]

（三）激发教育活力,促进教育质量和效率的提升

社会培训因其办学自主性、体制灵活性、教学创新性、理念超前性、服务全面性等特征,成为教育实验的先锋队和教育改革的试验田。这不仅促进了社会培

---

① 马丽.中小学生校外教育培训机构现状分析及对策研究[D].呼和浩特:内蒙古师范大学,2012.
② 罗崇敏.振兴民办教育之道[J].湖北教育(综合资讯),2014(11).

训自身快速健康发展,还营造了良性的竞争环境。社会培训机构应增强办学活力,提高行业的教学质量、服务质量和办学效益。

（四）推动学习革命,促进现代化学习型社会的建设

学习革命把现代教育推向科技化、信息化的潮头,社会培训便是浪潮中最活跃的浪花之一。社会培训机构具有充足的资金,在技术引进和应用上均走在教育领域的前端,是用技术增强教与学体验的先行者。社会培训可以利用行业灵活的制度优势,与互联网教育企业携手推动学习革命,占领教育技术制高点,孵化新的教育模式,探索新的教育形态。[1]

第三节　培训师的职业素养

【互动3】

请思考培训师与学校教师两种角色在工作属性上的不同,把思考结果记录在表1-1中。

表1-1　培训师与学校教师工作属性对比

工作属性	培训师	学校教师
1. 工作时间	例如,周一至周日8:00—20:00	例如,周一至周五7:00—17:00

---

[1]　胡万山.中国民办教育研究40年:回顾与反思——基于1978—2017年民办教育研究文献的计量分析[J].现代教育管理,2018(12).

一、培训师的任职要求

根据《上海市学科类校外培训机构设置标准》等相关规定,在梳理相关研究成果的基础上,本书认为,培训师主要是指社会培训机构中依据学习者的需要提供教学服务或教学产品的专职教学人员、教研人员、教辅人员。其中,专职教学人员是指承担培训授课职责的人员,教研人员是指承担培训课程研发和教学研究职责的人员,教辅人员是指协助专职教学人员开展教学和管理工作的其他人员。本书主要聚焦专职教学人员这一群体。

(一) 培训师的从业要求

根据国家有关部门印发的与校外培训机构有关的规定和办法,社会培训机构的从业人员应当符合下列要求:(1)坚持以习近平新时代中国特色社会主义思想为指导,拥护中国共产党的领导和中国特色社会主义制度,全面贯彻党的教育方针,落实立德树人根本任务;(2)具备良好的思想品德和职业道德,举止文明,关心爱护学习者;(3)为人师表,仁爱敬业;(4)熟悉教育教学规律和学习者身心发展特点,具备相应的教师资格证书;(5)非学校的在职教师;(6)未被列入校外培训机构从业人员黑名单;(7)未被剥夺政治权利或者故意犯罪受到有期徒刑以上刑事处罚;(8)学科类校外培训机构聘请在境内的外籍人员应当符合国家有关规定,严禁聘请在境外的外籍人员开展培训活动;(9)从事文化艺术、体育、科技、非学历文化知识等培训的,必须具备相应职业(专业)能力。

(二) 培训师的工作职责

培训师的工作职责包括以下几方面。

1. 教学工作

培训师要承担社会培训机构安排的培训教学任务,依据学习者的学习需求与身心发展特点进行备课、上课、辅导、作业批改、学习成绩考核等。教学内容难度及进度适宜,不得超出相应的国家课程标准,与学习者所处年级相匹配,与学习者个体能力相适应。具体而言,包括五方面:(1)熟悉并掌握所教科目的教学大纲,认真钻研教材和备课,写好教案,认真上好课,精心设计作业并及时认真批改作业,努力提高每节课的质量;(2)制订教学计划并及时总结,改进教学方法,提高教学效率,注意提高学习者的积极性,注意开发智力、发展能力、培养品格;(3)实事求是、认真负责地对学习者的学习成绩进行考核与评定,对表现不理想的学习者给予个别帮助与辅导;(4)从学习者的实际出发,按计划有效实施教学,注重学习者学习积极性的激发与个性潜能的培养;(5)按教育教学规律办事,全面落实教学常规要求,重视培训教学针对性、实效性,提高吸收率、巩固率,做好辅导答疑工作,不让任何一个学习者掉队。

2. 品行教育工作

培训师要遵循相应的法律法规和行业规范,增强法治观念,不断更新教育观念,坚持实施素养导向的教育教学,对每个学习者负责,对所教内容的质量负责。具体而言,包括三方面:(1)对学习者不当的思想行为进行引导、规劝和教育,在培训教学与管理中进行思想品德与行为规范教育,帮助学习者养成良好的习惯;(2)热爱学习者,确立为学习者服务的思想,在培训教学与管理中,坚持正确教育,既严格要求又耐心细致,防止简单粗暴,杜绝体罚和变相体罚学习者,尊重学习者的人格;(3)为人师表,教书育人,有高尚的师德、精湛的业务能力、良好的仪容、和谐的人际关系,受学习者爱戴和受家长信赖。

3. 管理工作

培训师在开展培训教学、品行教育的基础上,通常还会承担教学设施与环境维护、教学工具与设备维护、家校沟通等工作。管理能力是培训师应具备的一项综合能力,是培训师专业素养的集中体现,也是培训师保证培训教学质量的关键。培训师需要具备一定的教学管理能力,能够独立调试在线教学的环境,熟练操控线下教室的多媒体设备,保证教学顺利进行。社会培训机构开设的课程往往形式多样,课程中需要用到诸多工具和材料。培训师应当在培训前清点好所需材料的数量并确保所需设备处于正常运转的状态;在培训中爱惜培训机构的物品;在培训后及时回收相关物品并做好检查工作。培训师还需要与学习者及其家属保持密切的联系。培训师不仅需要有一颗热爱学习者的心,还需要掌握一定的沟通技巧,来帮助学习者清晰地认识自我。培训师要把控好课堂秩序,提高教学效率,维护好与家长的关系。有效的管理将极大地提高培训师的工作效率。

4. 教研工作

教研活动以促进培训师专业成长与进步为目的,培训师的常规教研活动可以分为学科教研、部门教研和集团教研。其中,学科教研和部门教研是常态的教研活动。学科教研通常涉及阶段性教学计划研讨、听课、评课、特色教案打磨、作业布置和修改、试题设计和分析、阶段性辅导安排、课堂教学质量改进等。部门教研通常涉及学习者个案研究、学习方法与习惯指导、家庭教育等。集团教研通常以比赛观摩的形式开展,由社会培训机构的领导深度观摩培训师说课反思、钻研教材、研究学生、探讨课堂技巧等。

培训师应认真做好必要的教研记录与活动复盘工作,不断充实自己的知识库,学习新的教育技术,获取更多的教学资源,为个人专业发展打下坚实的基础。培训师在承担以上职责的过程中需要扮演好价值引领者、个性化学习指导者、反思型研究者、学习分析者、教学创新者和终身学习者的角色。当前,培训师在扮演个性化学习指导者、反思型研究者、学习分析者角色方面做得较好,在其他方面则需要继续努力。

二、培训师的职业素养

(一) 培训师的道德素养

社会培训能够满足学习者学习、求职、生活的需要,使学习者成为有能力、有价值的人。根据相关规定,培训师应该恪守职业道德规范,遵守以下师德要求:(1)爱国守法,恪守宪法原则,遵守法律法规,依法履行各项职责;(2)爱岗敬业,对工作高度负责,认真备课上课,认真批改作业,认真辅导学习者,培养学习者的良好品行,激发学习者的创新精神,促进学习者健康发展;(3)关心爱护学习者,尊重学习者的人格,平等公正对待学习者,对学习者严慈相济,做学习者的良师益友,保护学习者的安全,关心学习者的健康,维护学习者的权益,不讽刺、挖苦、歧视学习者,不体罚或变相体罚学习者;(4)熟悉教育教学规律和学习者身心发展特点,循循善诱,诲人不倦,因材施教,能主动分析教学过程中各方面反馈的信息,不断改进教学工作,提高自身专业素质;(5)为人师表,具备良好的思想品德和职业道德,具有高尚的情操,知荣明耻,严于律己,以身作则,衣着得体,语言规范,举止文明,关心集体,团结协作,尊重同事,尊重家长等。

（二）培训师的专业素养

培训师既要精通专业知识,又要博学。培训师的知识结构主要由四方面构成。

1. 精深的学科知识

正所谓学高为师,培训师在所教学科或专业领域需要具备精深的专门知识。一是学科基础知识,即与学科有关的事实、概念、原理、理论等。二是学科专业主体知识,包括学科思想方法、学科思维特点和研究方法、学科专业前沿知识等。在一定范围内,教学的有效性与培训师所掌握的学科知识是正相关的,但并非学科知识越高越深,培训师的教学效果就越好。有关研究结果表明,在教育教学活动中,培训师所教学科知识必须达到一定的水准,但其水平与教学效果之间并非直接相关。具有丰富的学科知识仅仅是培训师成为一名优秀培训师的必要条件。

2. 扎实的教育学和心理学知识

教学科学知识涉及培训师对"如何教"这一问题的理解。在教与学的领域中,教学过程被看作培训师将其具有的学科知识转化为学习者可以理解的知识的过程。在此过程中,培训师使用教育学和心理学规律来思考学科知识的教授方式,涉及如何激发学习者的学习动机、如何组织教学过程、如何设计和实施测验等。因此,我们把教育学和心理学知识视为培训师成功进行教育教学的条件性知识。教学是一种科学性与艺术性高度结合的创造性活动,仅仅具有精深的学科知识,不一定能成为一名优秀的培训师。培训师必须懂得教育规律,用教育学、心理学、管理学、教学法等方面的知识来武装自己。培训师只有按照科学育人的规律办事,讲究科学性与艺术性,才能取得良好的教育效果,才能把自己的工作经验上升为理性认识。

3. 丰富的实践性知识

实践性知识是培训师通过教育实践总结出来的知识,是培训师个人品质与教育认知、教育经验、教育情感、教育态度、教育行动相互融合产生的知识。实践性知识是灵活多样的,具有鲜明的指导功能,不像理论性知识那样有严谨的逻辑。实践性知识包括培训师在教学中总结的经验、建构的教学模式和教学方法等。实践性知识适用于特定的课堂、教材、学习者,体现了培训师的个性特点和价值取向,不追求理论层面的普适性。

4. 广博的文化知识

培训师要具有广博的文化知识,包括人文社会科学知识、自然科学知识、现代科学技术知识。培训师要把这些文化知识内化为个人的文化素养,使自己成为具有高尚精神境界和健康人格特质的培训师。知识渊博的培训师往往会赢得学习者的信赖和爱戴,因为他们不仅能影响学习者的精神世界,而且能激发学习者的求知欲。

(三) 培训师的基本素养

培训师的基本素养包括表达素养、安全素养、沟通素养、信息素养等。以下着重介绍培训师的安全素养、沟通素养、信息素养。

1. 安全素养

如今,安全素养逐渐成为培训师的一项基本素养。为了使安全应急行动更加切实有效,培训师需要遵循重视预防、保持冷静、注重安全、注意配合四条安全应急原则。在此基础上,培训师需要掌握常见安全问题的应急方法、情绪控制方法、信息安全保护方法,在突发安全事故时保持冷静以尽快处理事故,也需要在平时教学中保持平稳的情绪,避免发生教学事故,避免出现危及健康的应激情绪反应。

2. 沟通素养

沟通素养是培训师职业素养的重要组成部分。沟通素养主要涉及三方面:(1)培训师要积极与学习者对话沟通,使学习者能积极主动地投入到培训活动中[①];(2)培训师要与其他培训师进行合作,在尊重意愿、平等协作的基础上搭建

---

① 叶澜.新世纪教师专业素养初探[J].教育研究与实验,1998(1).

实践学习共同体,提升自身的核心素养,促进自身的专业成长①;(3)培训师要与学习者的家人建立合作支持关系。这些都是形成教育合力过程中必不可少的。

3. 信息素养

21 世纪以来,大数据、物联网等技术对学习产生了革命性的影响。培训师要追随时代脚步,掌握符合且适应信息时代要求的信息技术知识。② 在培训过程中,培训师要灵活结合线上与线下平台,融合运用多种技术手段,在掌握传统多媒体课件开发工具的同时,学会腾讯会议、慕课堂等直播工具的使用。培训师要明确培训过程中的信息需求,准确识别并选取培训资源,合理利用网络搜集资源等。

当下正处于学习型社会,面对层出不穷的新领域、新观点,面对与时俱进的新思维、新工具,培训师需要通过不断"充电"来更新自己的教学理念和知识结构,以适应社会和培训需求的变化。③ 培训师可以通过"走出去"的形式到其他培训机构借鉴好的做法,也可以邀请培训专家来所在的培训机构进行指导。

最后,需要指出的是,培训师应具有一定的改革意识与创新精神。社会培训相较学校教学而言,在培训内容、培训要求、培训形式、培训方法、培训环节、培训过程等方面都有其自身的特点。因此,在社会培训中,培训师应具有创新精神,摆脱"学科化"的模式,以适应社会培训的要求。④

三、培训师的职业发展

培训师的职业发展是指培训师的专业成长过程或培训师的内在专业结构不断更新、演进的过程。培训师的职业发展路径包括培训与教研、实践与反思、培训师自主研修。

① 王后雄,李猛.卓越教师核心素养的内涵、构成要素及发展路径[J].教育科学,2020(6).
② 纪望平.教育信息化背景下的教师专业发展[J].高等教育研究,2005(9).
③ 王鉴,徐立波.教师专业发展的内涵与途径——以实践性知识为核心[J].华中师范大学学报(人文社会科学版),2008(3).
④ 胡德岭.教师培训师专业标准建设研究[J].中国成人教育,2015(1).

根据行业内的相关规定,培训师由培训机构总部按照一定的要求与流程统一招聘,培训师入职后通常需要接受培训机构总部安排的为期一个月的岗位培训。培训内容以通识培训为主,包括法律法规、职业道德、有关政策文件要求、培训机构的企业文化等。与此同时,培训师任教的校区会提供有针对性的培训与"磨课"教研,帮助培训师尽快转变角色、适应培训教学。在入职期的岗位培训结束后,培训机构总部与各校区还会组织定期培训,培训时间基本分散在寒暑假。

　　从职业发展方向来看,培训师的职业发展方向主要有两种:一是成为专家型培训师;二是成为管理型培训师。希望成为专家型培训师,除了认真接受培训机构总部和任教校区提供的多项培训与教研活动外,还需要参加常规教研活动。常规教研活动一般分为学科教研、部门教研和集团教研。其中,学科教研和部门教研是常态的教研活动,能够切实提高培训师的培训教学水平与教学质量。集团教研举行的次数相对较少,常以比赛观摩的形式开展,目的是从各个校区中筛选出优秀的培训师。

　　管理型培训师的职业发展路径通常为"普通培训师—金牌培训师—学科组长—学科负责人—教学主管—教学总监—教研院院长/校区校长",不同培训机构的晋升路径会有细微差别。对这类培训师而言,其职业发展内容聚焦在政策理解能力、管理能力、领导能力、沟通能力、组织统筹能力上,个人立足本职工作、主动学习与反思的意识要非常强。

　　在数字时代,专家型培训师和管理型培训师都应该秉持终身学习理念,立足岗位工作,锐意进取,与时俱进。

【互动4】

　　学完本章内容后,请你为自己做一个职业规划,制定未来发展目标,并简要描述自己作为培训师还有哪些地方需要改进以及如何改进。

> 我的职业规划：
>
>
>
>
> 有待改进的地方：
>
>
>
>
> 改进方法：

【互动1参考答案】

B、I

题目解析：少年宫属于公益性事业机构，社区属于政府机构，他们所开展的是公益性教育活动，并非社会培训。

第二章

法 律 素 养

目前,我国形成了比较完善的教育法律法规体系,出台了一系列关于社会培训机构的规章制度和政策文件,为社会培训治理体系和治理能力现代化提供了法治保障。

培训师应该学习和了解相关的法律法规,增强法律意识,提高运用法律的能力,具备相应的法律素养,从而更好地应对和处理相关法律问题,维护好各方的权益。这些均是本章的重点学习内容。

【互动1】

请阅读案例并尝试回答相关问题。

×市×区"学科通"培训中心正在组织学科类培训。该机构有民办学校办学许可证,有民办非企业法人登记证书,是一家非营利性的培训机构。该机构在节假日组织6个班、百余名义务教育阶段的学生进行下一学期教材内容的培训。现场6名教师正在上课,教学场所设在某公办学校内。现场教学的6名教师均为应届毕业生,未在"某市校外培训机构信息管理平台"备案。

问题一:请指出上述案例中培训行为的违规点。

_____

_____

_____

_____

_____

问题二:请说明社会培训机构从业人员的从业要求。

_____

_____

_____

_____

_____

_____

(参考答案见本章末)

第一节　我国现行的教育培训法律法规和政策文件

　　法律法规是对社会行为的基本约束。在市场经济发展过程中,人们的思想观念不断多元化,为了有效消除各种分歧、化解各种冲突,我们需要借助法律法规的力量。法治是国家和社会治理的重要方式,是规范文明秩序的根本手段。改革开放以来,依法治国已经成为治国理政的基本方略,法治成为治国理政的基本方式。在日常生活及工作实践中,我们需要运用法治思维和法治方式深化改革、推动发展、化解矛盾、维护稳定,努力推动形成办事依法、遇事找法、解决问题用法、化解矛盾靠法的良好法治环境,在法治轨道上推进各项工作。我国教育事业进入新时代,教育培训的健康发展同样需要坚持依法治理,在法治轨道上推进教育培训治理体系和治理能力现代化。

　　因此,培训师作为教育培训行业里的重要参与者,也应当具备基本的教育培训行业法律素养,具备运用培训行业领域法律知识的能力,增强法治意识和法治观念。

　　目前,我国虽然还没有专门制定教育培训方面的法律法规,但不论是宪法中的教育条款,还是教育法、教育领域的其他法律,以及教育行政法规和教育部门规章中均有所涉及。这些分散在教育法律法规和政策文件中的规定,初步构成了教育培训治理的制度体系。

一、教育培训相关法律法规

　　我国的教育法律法规主要包括:(1)《中华人民共和国教育法》《中华人民共和国义务教育法》《中华人民共和国高等教育法》《中华人民共和国职业教育法》

《中华人民共和国学位条例》《中华人民共和国教师法》《中华人民共和国教育促进法》《中华人民共和国国家通用语言文字法》8部法律；(2)《中华人民共和国高等教育自学考试暂行条例》《中华人民共和国中外合作办学条例》《中华人民共和国民办教育促进法实施条例》《中华人民共和国教师资格条例》《中华人民共和国教育督导条例》《中华人民共和国残疾人教育条例》等10余部国家教育行政法规；(3)地方性教育法规，如《上海市未成年人保护条例》《上海市中小学校学生伤害事故处理条例》《上海市职业教育条例》《上海市教育督导条例》《上海市终身教育促进条例》《上海市高等教育促进条例》《上海市学前教育与托育服务条例》。这些法律法规中包含着对教育培训的相关规定。

（一）教育法律法规

1. 教育制度的宪法渊源与基本法律

宪法是我国的根本大法，规定了我国的各项基本制度，包括教育制度。1982年修改的《中华人民共和国宪法》第十九条规定，国家鼓励集体经济组织、国家企业事业组织和其他社会力量依照法律规定举办各种教育事业。这构成了我国包括教育培训在内的所有民办教育的合法性基础。

教育法是我国教育领域的基本法律。1995年通过的《中华人民共和国教育法》，规定了教育基本制度。其中不仅明确规定实行学前教育、初等教育、中等教育、高等教育的学校教育制度，还明确规定实行职业教育制度和继续教育制度，如"各级人民政府、有关行政部门和行业组织以及企业事业组织应当采取措施，发展并保障公民接受职业学校教育或者各种形式的职业培训""国家鼓励发展多种形式的继续教育，使公民接受适当形式的政治、经济、文化、科学、技术、业务等方面的教育，促进不同类型学习成果的互认和衔接，推动全民终身学习"[①]。教育培训作为职业教育和继续教育的重要形式，能够促进全民终身学习。《中华人民共和国教育法》进一步明确，"国家鼓励企业事业组织、社会团体、其他社会组织及公民个人依法举办学校及其他教育机构"。而2015年12月对该法进行了

---

① 国家教育行政学院课题组.服务型政府教育类产品提供和管理体制创新研究[M].广州：华南理工大学出版社，2010.

重要修订,删除了"任何组织和个人不得以营利为目的举办学校及其他教育机构"的规定。这从法律上取消了对举办营利性学校的限制,对于落实民办学校分类管理改革原则、促进民办教育(特别是教育培训)的形式创新和多元化发展、满足人民群众多样化的继续教育和终身学习需求具有重大意义。

2. 民办教育的专门法律法规

2002年通过的《中华人民共和国民办教育促进法》,在我国民办教育法制建设中具有里程碑作用,极大地推动了我国教育培训的发展。而2016年11月对该法的修订,其中一项重要内容就是"取消对举办营利性学校的限制"。这促进了民办教育营利性和非营利性的分类管理,为理顺教育培训机构的办学属性提供了制度支持,为进一步规范教育培训的发展奠定了基础。

2021年,国务院修订通过的《中华人民共和国民办教育促进法实施条例》,细化了法律规定,增强了可操作性。该条例系统规定了民办学校开办者的权利和义务,明确了审批、设立等环节的要求。该条例明确了民办学校开办的鼓励与限制规范,特别是增加了对公办学校办民办学校的限制,针对开办者变更、集团化办学、在线教育等实践中出现的情况,做出了规定。针对民办学校的组织与活动,该条例进一步完善了民办学校法人治理结构,对民办学校决策机构、监督机构的组成与运行规则进行了补充或者完善。针对课程教材使用、考试招生规范等,该条例进行了具体规定。该条例删除了"合理回报"相关条款,明确了营利性和非营利性民办学校在财政、税收、用地等方面的差别化扶持举措;健全了民办学校资金和资产的管理使用规则,增加了对关联交易的规范,坚决防止以非营利之名行营利之实。该条例把在实践中行之有效的监管机制进一步体系化,明确了民办学校的年度检查、年度报告、信用管理、评估评价、教育督导等制度,着力构建符合民办教育特点的监管体系,并在"法律责任"部分明确了民办学校及民办学校举办者、实际控制人、决策机构和监督机构组成人员的法律责任,增加了从业禁止相关规定,以规范管理、细化惩处,促进包括培训机构在内的民办教育的健康发展。

3. 职业教育和终身教育相关法律法规中的培训规定

1996 年通过的《中华人民共和国职业教育法》,旨在规范发展各级各类职业学校教育和各种形式的职业培训,实施科教兴国战略,发展职业教育,提高劳动者素质。该法规定:职业培训包括从业前培训、转业培训、学徒培训、在岗培训、转岗培训及其他职业性培训,可以根据实际情况分为初级、中级、高级职业培训;职业培训分别由相应的职业培训机构、职业学校实施;其他学校或者教育机构可以根据办学能力,开展面向社会的、多种形式的职业培训。2022 年,第十三届全国人民代表大会常务委员会通过了修订的《中华人民共和国职业教育法》。此次修订的主要内容包括:推动多元办学,如鼓励有条件的企业根据自身生产经营需求,利用资本、技术等要素,单独举办或者联合举办职业学校、职业培训机构;企业按照国家有关规定实行培训上岗制度;支持社会力量办学,地方各级人民政府可以采取购买服务等措施对民办职业学校和职业培训机构予以扶持;依法支持社会力量参与联合办学,举办股份制、混合所有制职业学校和职业培训机构。为了促进产教融合、校企合作,国家推行学徒制度,鼓励企业与职业学校、职业培训机构合作进行学徒培训;鼓励职业学校在招生就业、培养方案制定、师资队伍建设等方面与相关行业组织、企业、事业单位等建立合作机制。

为了建立高等教育自学考试制度,完善高等教育体系,1988 年,国务院发布实施《中华人民共和国高等教育自学考试暂行条例》。该条例第六章"社会助学"第二十八条规定,国家鼓励企业、事业单位和其他社会力量,根据高等教育自学考试的专业考试计划和课程自学考试大纲的要求,通过电视、广播、函授、面授等多种形式开展助学活动;第二十九条规定,各种形式的社会助学活动,应当接受高等教育自学考试机构的指导和教育行政部门的管理;第三十条规定,高等教育自学考试辅导材料的出版、发行,应遵守国家的有关规定。这些规定为开展高等教育自学考试助学类型的培训活动提供了法律保障。

2011 年通过的《上海市终身教育促进条例》①,旨在满足市民终身学习的需

---

① 上海市人民代表大会常务委员会.上海市终身教育促进条例［EB/OL］.(2011 - 01 - 05)［2023 - 10 - 19］.https://flk.npc.gov.cn/detail2.html? NDAyOGFiY2M2MTI3Nzc5MzAxNjEyN2VkOTk3NTJkNTU.

求,发展终身教育事业,推进学习型社会建设,促进人的全面发展。该条例为上海市行政区域内除现代国民教育系统以外的各级各类有组织的教育培训活动提供了法律保障。该条例规定,各级各类有组织的教育培训活动包括成人学历教育、在职人员教育培训、劳动者就业培训、农业教育培训、老年教育、残疾人教育培训、社区教育、家庭教育等文化教育和职业技能培训。该条例要求,从事终身教育工作的专职教师应当取得相应的教师资格,并鼓励专家、学者以及其他具有专业知识和特殊技能的人员兼职从事终身教育工作。从事终身教育工作的兼职教师,应当具有与终身教育相关的工作经验或者相应的专业技术资格。

4. 教育督导制度与教育培训的关系

教育督导制度是教育领域的重要制度。《中华人民共和国教育法》第二十五条规定,国家实行教育督导制度和学校及其他教育机构教育评估制度。此外,《中华人民共和国义务教育法》《中华人民共和国职业教育法》《中华人民共和国民办教育促进法》等法律法规中也明确了教育督导的职能作用。1991 年教育部颁布的《教育督导暂行规定》把教育督导范围细化为中小学教育、幼儿园教育,不涉及高等教育、成人教育以及教育培训领域。但 2012 年,在法律层面上,教育督导制度规范由教育部的部门规章《教育督导暂行规定》上升为国务院的行政法规《中华人民共和国教育督导条例》。值得引起大家注意的是,督导适用范围扩大了,由中小学教育、幼儿园教育扩大为法律、法规规定范围的各级各类教育。因此,相应的各类教育培训均可纳入教育督导的范围。

在地方层面,2015 年通过并实施的《上海市教育督导条例》进一步明确,教育督导机构对"各级各类学校和其他教育机构(以下统称学校)规范办学实施监督、指导,并对教育发展状况和教育质量组织开展评估、监测"。为了进一步适应国家对教育督导全覆盖的要求,上海根据督导工作实践经验,通过立法要求完善学前教育、义务教育、普通高中教育、职业教育、高等教育督导评估指标体系,制定督导评估标准,开发督导评估工具,改进督导评估方法,形成科学完善的学校督导评估体系。上海积极加强质量监测,推动教育评价模式改革,探索形成促进各级各类教育科学发展的质量评价体系。上海积极运用监测成果,对教育质量进行动态、科学的分析,深入研究人才成长规律、教育管理规律和教育评价规律,为改进教育教学、完善政策措施提供依据。上海积极把相应的各类教育培训纳入教育督导(含评估、监测)的范围。

(二) 与教育培训相关的其他法律法规

1. 民事基本法律对教育培训的规定

2020 年通过的《中华人民共和国民法典》(以下简称《民法典》),对我国制定于不同时期的民法通则、物权法、合同法、担保法、婚姻法、收养法、继承法、侵权责任法和人格权方面的民事法律规范进行了全面系统的编订纂修。它通过确立民事主体、民事权利、民事法律行为、民事责任等民事总则制度,确立物权、合同、人格权、婚姻家庭、继承、侵权责任等民事分则制度,来调整各类民事关系。教育培训领域同样受到《民法典》的深刻影响。教育机构的从业人员、学习者不仅是教育培训法律法规规制的主体,更多时候也是民法规制的主体,享有民事权利,履行民事义务。

《民法典》指出,不同年龄的公民具有不同的民事行为能力,其中,不满八周岁的未成年人是无民事行为能力人,八周岁以上的未成年人是限制民事行为能力人,十八周岁以上的自然人是完全民事行为能力人。在侵权责任划分上,由于教育培训机构的学习者涉及不同的年龄段,当学习者遇到伤害事故时,教育培训机构承担的责任也有所不同。根据相关规定,如果学习者属于无民事行为能力人且在机构受到人身损害,适用的是过错推定原则,即只要机构无法证明其尽到教育、管理职责,就推定其有过错,要承担相应责任;如果学习者属于限制民事行为能力人且在机构受到人身损害,适用的是过错原则,即机构在有过错时才承担相应责任。

《民法典》还专门对隐私和个人信息进行了明确的法律界定。其中,隐私是指自然人的私人生活安宁和不愿为他人知晓的私密空间、私密活动、私密信息;个人信息包括自然人的姓名、出生日期、身份证件号码、生物识别信息、住址、电话号码、电子邮箱、健康信息、行踪信息等。教育培训机构在招生收费、教育培训管理的过程中可能需要收集学习者及其家长的个人信息,一定程度上涉及他们的个人隐私。未经学习者本人或监护人同意,教育培训机构不得向他人非法提供相关信息。同时,教育培训机构应建立管理制度,采取技术措施保障所收集和存储的个人信息安全。除此之外,《民法典》还把性骚扰纳入法律规制的范畴,规定了性骚扰的表现形式,明确了各类教育机构在防治性骚扰方面具有采取合理的预防措施、受理投诉、调查处置等义务。

另外,教育培训机构需要重点关注《民法典》中合同编和物权编的相关内容。《民法典》不仅对电子合同、格式合同等做出了规范化要求,也明确了现实中不同类型合同的签订与履行要求。针对收退费、师资配备、课程内容、培训效果等内容,教育培训机构应当根据公平原则,按照法律规定在合同中明确双方的权利与义务,并在平等互利、诚实信用的基础上严格履约。在办学过程中,教育培训机构教学用房和教学设施的使用与处置应符合物权编的规定。例如,《民法典》规定,学校、幼儿园、医疗机构等为公益目的成立的非营利法人的教育设施、医疗卫生设施和其他公益设施不得抵押。如果教育培训机构举办者或者管理者忽视了这些规定,在实践中不仅容易产生法律纠纷,还有可能面临财产损失风险。

2. 未成年人保护法律法规对教育培训的特别规定

2020 年修订通过的《中华人民共和国未成年人保护法》使用了婴幼儿照护服务机构、早期教育服务机构、校外培训机构、校外托管机构等法定用语。该法规定,密切接触未成年人的单位是指学校、幼儿园等教育机构,校外培训机构,未成年人救助保护机构、儿童福利机构等未成年人安置、救助机构,婴幼儿照护服务机构、早期教育服务机构,校外托管、临时看护机构,家政服务机构,为未成年人提供医疗服务的医疗机构,其他对未成年人负有教育、培训、监护、救助、看护、医疗等职责的企业、事业单位、社会组织等。

该法规定,学校不得占用国家法定节假日、休息日及寒暑假期,组织义务教育阶段的未成年学生集体补课,加重其学习负担;幼儿园、校外培训机构不得对学龄前未成年人进行小学课程教育;婴幼儿照护服务机构、早期教育服务机构、校外培训机构、校外托管机构等应当参照有关规定,根据不同年龄阶段未成年人的成长特点和规律,做好未成年人保护工作。这些要求规范了校外培训机构的运行和管理。

该法还对未成年人培训机构的从业人员提出了要求,"密切接触未成年人的单位招聘工作人员时,应当向公安机关、人民检察院查询应聘者是否具有性侵害、虐待、拐卖、暴力伤害等违法犯罪记录;发现其具有前述行为记录的,不得录用""密切接触未成年人的单位应当每年定期对工作人员是否具有上述违法犯罪记录进行查询。通过查询或者其他方式发现其工作人员具有上述行为的,应当及时解聘"。

二、教育培训相关政策

(一)校外教育培训相关政策

1. 国家层面的校外教育培训政策

近年来,教育培训市场快速发展,"校内减负、校外增负"的现象突出。校外教育培训机构无序扩张,加重了学生的校外培训负担,增加了家庭的教育经费支出。一些教育培训机构超前超标教学,虚假宣传,夸大效果;一些教育培训机构甚至打出"您来,我们培养您的孩子;您不来,我们培养您孩子的对手"之类的宣传语,让家长产生焦虑情绪。还有的培训机构在盲目扩张、恶性竞争中资金链断裂,关门停业,产生了"上午收钱下午关停""卷钱跑路"等违法违规行为。这些乱象严重破坏了教育生态,降低了人民群众对教育的获得感、幸福感和安全感。

2018 年 2 月,教育部办公厅等四部门印发《关于切实减轻中小学生课外负担开展校外培训机构专项治理行动的通知》,从国家层面专项治理校外培训。2018 年 8 月,国务院办公厅印发《关于规范校外培训机构发展的意见》,对校外培训的规范化发展进行了顶层设计。经过专项治理,校外培训机构的规范化发展取得了阶段性成绩,但与党中央、国务院的要求还有一定的差距。2021 年 7 月,中共中央办公厅、国务院办公厅印发《关于进一步减轻义务教育阶段学生作业负担和校外培训负担的意见》(以下简称"双减"政策)[①],这为引导和规范校外培训提供了政策依据。

在实践过程中,政策不断得到细化,可操作性增强。国家从严查无证办学、超纲教学、在职教师有偿兼职等重点问题,发展到全方位、系统、具体地提出治理措施。例如,2020年5月,针对教育培训机构超标超前教学难以认定的问题,教育部办公厅印发《义务教育六科超标超前培训负面清单(试行)》;2020年6月,针对教育培训合同相关问题,教育部办公厅、市场监管总局办公厅联合印发《中小学生校外培训服务合同(示范文本)》;2021年7月,"双减"政策把校外培训机构的治理层级提升至中共中央,明确禁止教育培训机构资本化运作并阐明了资本化运作的具体表现,明确提出对培训时间的具体要求,列出了广告营销的禁止形式等[②]。自"双减"政策发布后到2022年9月,教育部会同相关部门密集出台了培训材料管理、培训人员管理、预收费监管、隐形变异培训查处、培训场所安全管理等方面的政策,基本形成了"1+N"的制度体系。在操作层面,出台了做好学校课后服务工作、学科类培训范围界定、学科类非学科类鉴别、规范登记、上市公司清理整治、从业人员风险防范、应急处置、广告管理等方面的政策,明确了具体流程和要求,进一步织密制度笼子,堵上政策漏洞。

以"双减"政策为龙头的一系列政策措施,规范了校外教育培训的发展。国家坚持从严审批机构,规范培训教学行为,加强培训广告管控,坚决压减学科类校外培训,强化校外培训收费监管,统筹规范其他培训行为,对学科类校外培训起到了降温作用。2022年7月,教育部委托第三方开展调查,调查结果显示,"双减"政策实施以来,学生过重作业负担和校外培训负担、家庭教育经费支出负担和家长相应精力负担均有效减轻,学生的睡眠、运动、实践时间普遍增加,家长更加关心孩子的身心健康发展。

---

① 新华社.中共中央办公厅 国务院办公厅印发《关于进一步减轻义务教育阶段学生作业负担和校外培训负担的意见》[EB/OL].(2021-07-24)[2023-10-19].https://www.gov.cn/zhengce/2021-07/24/content_5627132.htm.

② 方芳,李剑萍.校外培训机构治理政策的逻辑演进与现实挑战——兼146起教育培训纠纷司法案例的实证分析[J].复旦教育论坛,2021(6).

2. 上海市的校外教育培训政策

2017 年，为贯彻实施修订的《中华人民共和国民办教育促进法》，上海市制定了《上海市人民政府关于促进民办教育健康发展的实施意见》《上海市民办学校分类许可登记管理办法》。这为落实民办学校（包括教育培训机构）营利性与非营利性分类管理提供了政策执行依据。针对教育培训机构，上海市专门制定了《上海市民办培训机构设置标准》《上海市营利性民办培训机构管理办法》《上海市非营利性民办培训机构管理办法》（简称"一标准两办法"）。

2019 年，为贯彻落实国务院办公厅《关于规范校外培训机构发展的意见》，上海市制定了《上海市人民政府关于加强本市培训机构管理促进培训市场健康发展的意见》《上海市培训机构监督管理办法》（简称"一意见一办法"），配套印发了《上海市市场监督管理部门集中行使涉及培训市场的有关行政处罚事项与依据清单》《上海市培训机构线索移交与执法协作办法》，进一步完善了教育培训市场的综合治理体制与机制。

2021 年，上海市印发了《关于进一步减轻义务教育阶段学生作业负担和校外培训负担的实施意见》，深入落实"双减"政策要求。2022 年，根据国家的相关规定，立足上海市的培训市场实际与工作实践探索，上海市印发了《上海市校外培训机构设立与管理实施办法》《上海市学科类校外培训机构设置标准》《上海市非学历文化知识校外培训机构设置标准》《上海市自学考试助学机构设置标准》《上海市体育类校外培训机构设置标准》。这些政策文件指出：（1）校外培训不仅包括通过线上或者线下方式面向社会实施的义务教育阶段学生与普通高中学生学科类培训，还包括中小学生与学龄前儿童文化艺术、体育、科技、非学历文化知识培训等活动；（2）校外培训机构应当在业务范围内开展活动，具备场地、设施、安全保障等条件，还应当具备《上海市校外培训机构基本服务条件指引》规定的各项基本条件，向机构所在区的许可机关申请民办学校办学许可证，取得民办学校办学许可证后，依法办理法人登记手续。上海市各级职能部门积极贯彻落实国家与本市校外培训市场管理的有关要求，由教育行政部门总体牵头协调校外培训市场工作，市场监督管理部门牵头实施校外培训市场综合执法，人力资源社会保障、民政、文化旅游、体育、科技、卫生健康、住房城乡建设管理、应急管理、消防、公安、地方金融监管、网信管理、通信管理、税务等行政部门依法依规对校外培训机构的证照、内部治理、办学内容、培训安排、场所场地及设施设备、招生行为、广告宣传、资金资产、收退费、安全等开展日常监管工作,促进校外培训机构规范化发展。

（二）其他教育培训相关政策

除了校外教育培训,培训市场中,社会成人教育培训也占有一定的比例。2021年,教育部办公厅印发《关于加强社会成人教育培训管理的通知》,对在市场监管部门核准登记的营利性企业和在民政部门核准登记的民办非企业单位、民办非学历高等教育机构等"国家机构以外的社会组织或个人,利用非国家财政性经费、面向成人开展的各种非学历教育培训的机构"进行规范管理。

该《通知》针对部分社会成人教育培训机构存在的名称使用不规范、虚假不实招生宣传、条件和质量低下、损害人民群众合法利益、扰乱教育培训市场秩序等问题,国家加强了对社会成人教育培训机构名称、招生工作、培训内容、师资团队、培训模式、经费、安全等方面的规范化管理。在名称上,社会成人教育培训机构要严格按照民办学校办学许可证或法人登记证照确定的经营范围开展教育培训,不得以教育咨询、科技咨询、技术咨询、企业管理咨询等名义开展教育培训;在招生宣传上,社会成人教育培训机构不得进行虚假广告宣传,不得隐瞒或混淆机构性质,应当在显著位置标明机构属性和全称,招生规模应当与办学能力相匹配;在培训内容上,社会成人教育培训机构要做好课程设置、教材和资源选用工作,弘扬和传播社会主义核心价值观,在思想性、科学性和适宜性等方面贯彻党的教育方针和落实立德树人根本任务,贯彻教育与宗教相分离的原则,坚决杜绝导向不良、色情低俗、暴力恐怖、封建迷信等有害内容;在师资团队上,社会成人教育培训机构要配备相对稳定、专兼结合、与教育培训类别相适应的师资和管理人员,从业人员应当遵守法律法规、具有良好的思想品德和相应的专业能力,对从业资格有特殊要求的还应符合相关要求,聘用外籍人员应当符合国家有关规定。

第二节　培训师的从业法律规范要求

一、基本要求

教育培训是学校教育的补充,教育培训机构和教育培训从业人员应当全面贯彻党的教育方针和落实立德树人根本任务,承担起"为社会主义现代化建设服务、为人民服务,与生产劳动和社会实践相结合,培养德、智、体、美、劳全面发展的社会主义建设者和接班人"的责任。因此,确保教育培训从业人员(特别是培训师)的整体素质成为至关重要的工作。

二、法律规范具体要求

我国现行的《中华人民共和国教育法》在第四章中专门对"教师和其他教育工作者"进行了规定,其中,其他教育工作者包括学校及其他教育机构中的管理人员、教学辅助人员和其他专业技术人员。《中华人民共和国义务教育法》《中华人民共和国高等教育法》《中华人民共和国职业教育法》《中华人民共和国民办教育促进法》《中华人民共和国教师法》大多规定了学校教育中教师的任职条件,即需要通过专门的国家资格考试以及一些严格的程序审查,对于学校教育之外的职业培训和继续教育方面的培训师任职资格、职业规范、法律权利义务等并没有具体规定。

在现实中,整个教育培训行业的从业人员数量不断增加,从事教学工作的培训师水平差异明显。值得关注的是,教育部 2021 年公布的《中华人民共和国教师法(修订草案)(征求意见稿)》规定,各级各类学校中的教育教学辅助人员,在教研机构、电化教育机构、教师发展机构、少年宫、校外培训、自考助学、继续教育机构等提供文化教育培训服务的其他教育机构中专职从事教学任务的人员,可以根据实际情况参照本法的有关规定执行。就教育培训机构与培训师的法律关系而言:(1)教育培训机构与培训师是基于聘任合同的平等的劳动关系,教育培训机构应当按照我国教育法律法规以及《中华人民共和国劳动合同法》的有关规定与培训师签订劳动合同,依法保障培训师的合法权益;(2)培训师应承担特定的法律义务。培训师往往承担着教学培训任务,在日常教学培训活动中,要严格遵守法律法规,严于律己,自觉接受教育培训机构与学习者的监督,严格遵守教育培训机构的相关规定,按照合同约定完成教学任务,依法履行义务。

由于现行的法律法规没有对教育培训机构培训师的明文规定,在实践中应当结合《中华人民共和国教师法》《新时代中小学教师职业行为十项准则》《校外培训机构从业人员管理办法(试行)》的相关规定予以执行落实。

（一）培训师的任职条件要求

不同于一般行业的从业人员,教师承担着"为党育人、为国育才,立德树人,培养德、智、体、美、劳全面发展的社会主义建设者和接班人,提高民族素质"的崇高使命。教师应当为人师表,有理想信念、有道德情操、有扎实学识、有仁爱之心,忠诚于党和人民的教育事业。培训师作为教育工作者同样要满足这些要求。从立德树人、为人师表的角度出发,校外培训机构应当从严把握用人标准。

培训师要满足下列要求:(1)思想政治过关,坚持以习近平新时代中国特色社会主义思想为指导,拥护中国共产党的领导和中国特色社会主义制度,全面贯彻党的教育方针,落实立德树人根本任务;(2)守法意识过关,爱国守法,恪守宪法原则,遵守法律法规,依法履行各项职责;(3)品德行为过关,具备良好的思想品德和职业道德,举止文明,关心爱护学习者,教学、教研人员还应为人师表、仁爱敬业;(4)专业能力过关,教学、教研人员应熟悉教育教学规律和学习者身心发展特点,从事学历类文化知识培训工作的人员应具备相应教师资格证书,从事职业技能培训、非学历继续教育培训工作的人员应提供相应职业(专业)能力证明;(5)职业身份过关,培训师不得为中小学、幼儿园在职教师。

（二）教育培训机构招用培训师的程序要求

教育培训机构应当按照我国教育法律法规以及《中华人民共和国劳动合同法》的有关规定与所招用的培训师订立、履行、变更、解除或者终止劳动合同。程序要求包括五方面。一要前置查询，教育培训机构应当对拟招用的培训师进行性侵害、虐待、拐卖、暴力伤害等违法犯罪信息查询。二要书面签约，教育培训机构应当依法与培训师签订书面劳动合同，明确工作内容、工作地点、工作时间、岗位职责、劳动合同期限、劳动报酬、社会保险、考核办法等。三要岗前培训，对初次招用的培训师，教育培训机构应当开展岗位培训。四要及时公示，教学、教研人员的基本信息、教师资格或职业(专业)能力证明、从教经历、任教课程等信息应在机构培训场所及平台、网站显著位置公示，并及时在主管部门备案。五要结构合理，社会成人教育培训机构应当配备相对稳定、专兼结合、与教育培训类别相适应的师资和管理人员；面向未成年人的校外培训机构专职教学、教研人员原则上不低于机构从业人员总数的50％；面向中小学生、3周岁以上学龄前儿童的线下培训，每班次专职教学人员原则上不低于学生人数的2％、不低于儿童人数的6％。

（三）培训师的从业禁止要求

教育培训机构的培训师从事的是育人工作，对其不仅要有正面的规范要求，还要有从业禁止要求。教育部2021年11月公布的《中华人民共和国教师法(修订草案)(征求意见稿)》规定有以下四种情形的人员不得取得教师资格：(1)因故意犯罪受到有期徒刑以上刑事处罚的；(2)因性侵害、虐待、拐卖、暴力伤害、猥亵、吸毒、卖淫、嫖娼、赌博等可能危害学生身心健康的违法犯罪行为受到治安管理处罚或者管制、拘役等刑事处罚的；(3)有严重酗酒、精神病史或者滥用精神类药物史等不适宜担任教师情形的；(4)有法律、法规规定的不得从事教师职业的其他情形。《校外培训机构从业人员管理办法(试行)》专门明确了从业禁止的11种行为"红线"情形。[①] 结合教育培训的行业特点，培训师也应避免这11种行为"红线"情形：(1)有损害党中央权威、违背党的路线方针政策的言行；(2)损害

---

① 　教育部办公厅，人力资源社会保障部办公厅.教育部办公厅　人力资源社会保障部办公厅关于印发《校外培训机构从业人员管理办法(试行)》的通知[EB/OL].(2021－09－13)[2023－10－19].http://www.moe.gov.cn/srcsite/A29/202109/t20210914_562912.html.

国家利益,损害社会公共利益,或违背社会公序良俗;(3)通过课堂、论坛、讲座、信息网络及其他渠道发表、转发错误观点,或编造散布虚假信息、不良信息;(4)歧视、侮辱学生,存在虐待、伤害、体罚或变相体罚未成年人行为;(5)在教学、培训等活动中遇突发事件、面临危险时,不顾学生安危,擅离职守,自行逃离;(6)与学生发生不正当关系,存在猥亵、性骚扰等行为;(7)向学生及家长索要、收受不正当财物或利益;(8)被依法追究刑事责任;(9)存在吸食毒品等违反治安管理法律法规行为;(10)违法传教或者开展宗教活动;(11)宣扬或从事邪教。

📌敲黑板

培训时,我们要特别注意以下几点:

(1) 教学行为要符合党的教育方针、政策;

(2) 不可利用课堂、微信等渠道传播不良信息;

(3) 不可出现任何给学习者带来心理和生理伤害的行为;

(4) 遇到突发事件,面临危险时,不能擅离职守;

(5) 不能向学习者(尤其是未成年学习者)宣传违背社会公德、基本良知的观念,以及带有明显个人主观信念的观点。

三、违规问题处理

以下是两则案例。

案例:在职教师违规开办培训班

河北省石家庄市第十二中学教师刘某开办校外培训班,诱导学生参加有偿补课。2018年,刘某开办"金冠艺术培训中心",利用晚上和周末为本校及校外学生进行有偿补课。刘某的行为违反了《新时代中小学教师职业行为十项准则》第十项规定。根据《事业单位工作人员处分暂行规定》《中小学教师违反职业道德行为处理办法(2018年修订)》等有关规定,对刘某做出行政警告处分,扣除一年奖励性绩效工资、取消其两年内评优评先资格、全校范围内作出检查的处理。对学校主要负责人进行通报批评、诫勉谈话。①

---

① 中华人民共和国教育部.教育部公开曝光8起违反教师职业行为十项准则典型案例[EB/OL].(2021－04－19)[2023－10－19].http://www.moe.gov.cn/jyb_xwfb/gzdt_gzdt/s5987/202104/t20210419_526987.html.选作案例时有改动.

案例解析：

本案例中涉及在职中小学教师与校外培训机构的关系。涉及的政策文件主要包括《新时代中小学教师职业行为十项准则》《中小学教师违反职业道德行为处理办法(2018年修订)》《校外培训机构从业人员管理办法(试行)》。

从校外培训机构的角度来看,根据《校外培训机构从业人员管理办法(试行)》的相关规定,其从业人员不得为中小学、幼儿园在职教师。

从教师的角度来看,《新时代中小学教师职业行为十项准则》要求中小学教师要规范从教行为,不得组织、参与有偿补课,或为校外培训机构和他人介绍生源、提供相关信息。如果中小学教师存在此类违反职业道德的行为,应当依照《中小学教师违反职业道德行为处理办法(2018年修订)》对其做出相应处理。

案例:司法机关与教育部门联合监管培训机构

2018年,四川省广元市利州区检察院在办理某校外培训机构老师性侵儿童案时发现,本地校外培训机构存在无证经营、设施简陋安全隐患多、培训人员无教师资格等严重问题,同时行政职能部门监管缺位。该区检察院即向区教育局发出落实对校外培训机构的监督管理职责、建立校外培训辅导安全风险提示制度和对培训机构的评价退出机制等内容的检察建议。区教育局立即采取行动,联合相关单位和部门对254家校外培训机构进行检查,要求6家有证照机构暂停办学、限期整改,责令关停79家不具备办学条件的机构,并向检察院书面回复整改情况。随后,该区检察院与区教育局会签了《关于进一步加强未成年学生校外教育培训机构防性侵害监督管理工作实施意见》,并以专项报告推动区委区政府两办印发《未成年学生校外培训托管机构监督管理办法》,对校外培训、托管机构的准入、人员资质、安全投入、与110联网等问题作出详细规定。在区检察院的监督下,目前该区已经形成了对校外培训、托管机构的长效监督管理格局。针对校外培训机构安全隐患突出,培训机构老师侵害未成年学生案件时有发生的"乱象",检察机关积极履行未成年人检察职能,全面调查后以检察建议推动相关职能部门开展清理整治,消除影响未成年人健康成长的安全隐患。在此基础上,推动党委、司法、教育等部门共同构建对校外培训机构的长效监管机制,为中小学生健康成长和全面发展营造良好的社会和法治环境。①

案例解析:

本案例中,检察院作为国家司法机关对教育部门提出履行行政监管职责的检察建议,以维护未成年人的基本权益。未成年人的健康成长关系到国家的未来和民族的复兴。近年来,教职员工性侵学习者的犯罪行为屡屡发生,造成恶劣社会影响和严重危害后果。2020年9月,最高人民检察院联合教育部、公安部发布《关于建立教职员工准入查询性侵违法犯罪信息制度的意见》,教育部建立统一的信息查询平台,与公安部信息共享与服务平台对接,实现性侵违法犯罪人员信息核查,面向地方教育行政部门提供教职员工准入查询服务。《校外培训机构从业人员管理办法(试行)》规定,校外培训机构应对拟招用人员和劳务派遣单位拟派遣至机构场所工作的人员进行性侵等违法犯罪信息查询。学校(包括面向未成年人的校外培训机构)新招录教师、行政人员、勤杂人员、安保人员等在校园内工作的教职员工,应当在入职前对其进行性侵违法犯罪信息查询。校外培训机构从业人员从业禁止的"歧视、侮辱学生,存在虐待、伤害、体罚或变相体罚未成年人行为""与学生发生不正当关系,存在猥亵、性骚扰等行为""被依法追究刑事责任""存在吸食毒品等违反治安管理法律法规行为"等"红线"情形都是司法机关重点监督的内容。校外培训机构应当依照法律法规和政策文件加强内部管理,保障学习者的合法权益。

---

① 最高人民检察院.最高检发布推动加强和创新未成年人保护社会治理十大典型案(事)例〔EB/OL〕.(2019 - 05 - 27)〔2023 - 10 - 19〕.http://www.moe.gov.cn/jyb_xwfb/gzdt_gzdt/s5987/202104/t20210419_526987.html.选作案例时有改动.

第三节 教育培训的其他法律规范要求

一、教育培训材料的法律规范要求

(一)基本要求

教材建设是国家事权。教材体现党和国家意志,反映人民重大关切,传承中华优秀文化和人类文明先进成果,是解决培养什么人、怎样培养人、为谁培养人这一根本问题的重要载体,直接关系党的教育方针落实和教育目标实现。教育培训必须坚持社会主义方向,因此,教育培训材料管理过程中要全面贯彻党的教育方针,落实立德树人根本任务,体现正确的政治方向和价值导向,遵循学习者身心发展规律,不断提高教育培训材料的思想性、科学性、适宜性。

(二)法律规范具体要求

《中华人民共和国义务教育法》中规定,国家实行教科书审定制度。我国虽然没有对教育培训材料进行专门立法,但在《中华人民共和国教育法》中规定,教育必须为社会主义现代化建设服务、为人民服务,必须与生产劳动和社会实践相结合,培养德、智、体、美、劳全面发展的社会主义建设者和接班人;教育应当坚持立德树人,对受教育者加强社会主义核心价值观教育,增强受教育者的社会责任感、创新精神和实践能力;教育应当继承和弘扬中华优秀传统文化、革命文化、社会主义先进文化,吸收人类文明发展的一切优秀成果。这在法律上对教材提出了基本要求。①

---

① 吴强,蔡一军,邹竑.校外实践教育法律法规与政策文件汇编[M].北京:当代世界出版社,2023.

2019 年制定的《中小学教材管理办法》《职业院校教材管理办法》《普通高等学校教材管理办法》等教材管理办法,明确提出教材"凡编必审""凡选必审""管建结合",各类教材必须体现党和国家意志,教材建设应纳入教育督导范畴。2021 年出台的《中小学生校外培训材料管理办法(试行)》,对培训材料管理提出了要求。2021 年,"双减"政策文件提出,建立培训内容备案与监督制度;严禁超标超前培训,严禁非学科类培训机构从事学科类培训,严禁提供境外教育课程;依法依规坚决查处超范围培训、内容低俗违法、盗版侵权等突出问题。

培训材料管理涉及的环节很多,必须加强培训材料编写、审核、选用、备案等全流程管理。《中小学生校外培训材料管理办法(试行)》等政策文件中对编审人员资质、教育培训材料质量、教育培训材料管理等有一定的要求。

1. 对教育培训材料的质量要求

教育培训材料应当具备思想性、科学性、适宜性:一是以习近平新时代中国特色社会主义思想为指导,全面贯彻党的教育方针,落实立德树人根本任务,体现中华民族风格,体现党和国家对教育的基本要求,体现国家和民族基本价值观,体现人类文化知识积累和创新成果;二是内容科学准确,容量、难度适宜,学历教育培训与国家课程相关的内容应符合相应课程标准要求,不得超标超前;三是符合教育培训规律,满足多层次、多样化学习需求,有利于传播科学精神、激发学习兴趣、鼓励探究创新。

同时,《中小学生校外培训材料管理办法(试行)》明确强调,培训材料中严禁出现丑化党和国家形象、损害国家荣誉和利益、破坏民族团结、宣扬宗教迷信等 12 种情况。这些也是各种类别的教育培训材料都必须牢牢守住的底线。培训材料审核的负面清单具体包括以下内容:(1)丑化党和国家形象,或者诋毁、污蔑党和国家领导人、英雄模范,或者歪曲党的历史、中华人民共和国历史、人民军队历史;(2)污蔑攻击中国共产党领导、中国特色社会主义制度,违背社会主义核心价值观;(3)损害国家统一、主权和领土完整;(4)损害国家荣誉和利益,有反华、辱华、丑华等内容;(5)煽动民族仇恨、民族歧视,破坏民族团结,侵犯民族风俗习惯;(6)宣扬宗教教理、教义、教规以及邪教、封建迷信思想等;(7)含有暴力、恐怖、赌博、毒品、性侵害、淫秽、教唆犯罪等内容；(8)不符合知识产权保护等国家法律、行政法规；(9)植入商业广告或者变相的商业广告；(10)超出相应的国家课程标准；(11)含有误导中小学生产生不良行为的内容；(12)存在其他违法违规的情形。

2. 对教育培训材料编审人员的要求

《中小学生校外培训材料管理办法(试行)》①主要对培训材料编写研发人员和审核人员提出了相应要求,教育培训材料的编审人员可以参照适用。

编写研发人员应符合以下要求：(1)在思想政治上过关,要政治立场坚定,拥护中国共产党的领导和中国特色社会主义制度,具有正确的世界观、人生观、价值观；(2)忠诚于党的教育事业,要全面贯彻党的教育方针,熟悉中小学教育教学规律和学生身心发展(或相应培训行业领域)特点,从事教育教学(培训)相关工作3年及以上；(3)有较高的专业技术水平,学科类培训材料的编写研发人员应准确理解和把握课程方案、学科课程标准并具备相应教师资格证书,非学科类培训材料的编写研发人员应具备相关行业资质证书或专业能力证明；(4)有高尚的道德情操,要遵纪守法,有良好的思想品德、社会形象,无失德、失信、违纪、违法等不良记录。

审核人员除了应符合上述相关要求外,还应具有较高的政策理论水平和较丰富的教育或培训经验。教育行政部门在组建外部审核专家队伍时,还应确保相关学科专家、课程专家、教研专家、一线教师等共同参与。

3. 对不同类型培训材料的分类管理要求

综合考虑各地实际情况,《中小学生校外培训材料管理办法(试行)》对线上和线下、学科类和非学科类培训材料实行分类管理。

学科类培训是"双减"政策规范的重点,对其监管更严、要求更高。对于学科类培训材料,采取校外培训机构内部审核和教育行政部门外部审核相结合的方

---

① 中华人民共和国教育部.教育部有关负责人就《中小学生校外培训材料管理办法(试行)》答记者问[EB/OL].(2021－09－07)[2023－10－19].https://www.gov.cn/zhengce/2021－09/07/content_5635799.htm.

式进行双审核;对于非学科类培训材料,在校外培训机构内部审核的基础上,由各地教育行政部门协助相应主管部门开展抽查、巡查。

考虑到线上、线下学科类培训材料形式不一,尤其是一些资料库、视频等,信息量很大且更新变动频繁,《中小学生校外培训材料管理办法(试行)》细化了相应管理要求,即要求各地教育行政部门对线上及线下培训相对固定形式的基础性材料进行全面审核,对以资料库、视频等形式存在的培训材料开展抽查性审核,并鼓励各地探索运用现代化信息技术手段加强审核把关。[①]

4. 对培训材料的选用要求

《中小学生校外培训材料管理办法(试行)》加强了对培训材料选用和备案的规范。该管理办法明确要求校外培训机构规范培训材料选用程序,选用的培训材料必须是审核通过的培训材料或正式出版物。不同类别的教育培训机构选用境外教材时,应参照《中小学教材管理办法》《职业院校教材管理办法》《普通高等学校教材管理办法》等国家有关规定。

该管理办法明确要求校外培训机构对所有培训材料进行存档保管,保管期限不少于相应培训材料使用完毕后3年。培训材料及编写研发人员信息应向相应教育行政部门备案。备案材料产生变更时,应及时提交变更内容说明和变更材料。

(三) 违规问题处理

以下是一则案例。

案例:违规使用境外课程教学材料

2021年6月,某区某校外培训机构向该区教育局提交了培训材料备案申请。该区教育局组织专家对该机构送交的材料进行审核,发现其选用的外语教材中有一本境外课程教学材料影印件,经核实,该机构并未取得相关图书出版印刷发行许可。该区教育局立即约谈该机构负责人,要求其对备案审核中发现的

---

① 教育部办公厅,人力资源社会保障部办公厅.教育部办公厅 人力资源社会保障部办公厅关于印发《校外培训机构从业人员管理办法(试行)》的通知[EB/OL].(2021-09-13)[2023-10-19].http://www.moe.gov.cn/srcsite/A29/202109/t20210914_562912.html.

问题予以整改,停止使用该影印件,回收培训材料;责令该机构建立健全培训材料编写审核机制,组建编写研发审核队伍;对未作整改或整改不到位的,要追究直接责任人及相关负责人的责任。

(来源:上海市某区教育局日常工作总结案例,选作案例时有删减)

案例解析:

本案例中涉及校外培训机构未经许可使用盗印境外课程教学材料的违规行为。2021年,国家"双减"政策文件明确提出,要建立培训内容备案与监督制度,严禁提供境外教育课程,依法依规坚决查处校外机构培训材料内容低俗违法、盗版侵权等突出问题。《中小学生校外培训材料管理办法(试行)》进一步对培训材料全方位管理提出了具体要求。培训材料管理涉及编写、审核、选用、备案等环节。校外培训机构要建立健全相应的内部审查制度,机构中的培训材料管理人员要严格执行政策规定,审慎选用境外课程教学材料。教育行政部门要高度关注校外培训机构的材料备案与内容合法性问题,督促指导校外培训机构进行自查自纠,并依规办理材料备案手续,对存在违法违规问题的校外培训机构予以严肃查处。

二、教育培训教学的法律规范要求

(一)基本要求

教育教学活动是教育培训的核心,包括教育培训内容、活动安排、培训时间、培训形式、考试评价等内容。《中华人民共和国教育法》规定,教育活动必须符合国家和社会公共利益;《中华人民共和国民办教育促进法》对"管理混乱,严重影响教育教学,产生恶劣社会影响的教育培训行为"设定了专门的法律责任条款;《中华人民共和国民办教育促进法实施条例》对"违反法律、行政法规和国家有关规定开展教育教学活动的教育培训行为"设定了专门的法律责任条款。

(二)法律规范具体要求

除了上述法律法规的原则性规定外,目前针对校外培训机构教育教学活动提出的具体要求主要包括以下几方面。

1. 对教育培训内容的要求

对于学科类校外培训机构,严禁超标超前培训,严禁提供境外教育课程。校外培训机构开展语文、数学、英语、物理、化学、生物等学科知识培训,要向所在地县级教育部门备案内容、班次、招生对象、进度、上课时间等并向社会公布。培训内容不得超出相应的国家课程标准,培训班次必须与招生对象所处年级相匹配,培训进度不得超过所在县(区)中小学同期进度。校外培训机构不得对学龄前未成年人进行小学课程教育。严禁非学科类培训机构从事学科培训。严禁培训机构组织、参与、宣传未经行政主管部门审查同意的义务教育阶段竞赛活动。严禁组织以排名为目的的跨区、跨机构大规模测试。培训机构的培训结果不得对外公开,不得宣传学习者等级证书、分数排名、"名校"录取人数等。

自考助学培训机构开展社会助学活动时应当根据自学考试专业计划和课程自学考试大纲,制订教学计划,开展助学活动,确保完成教学任务。自考助学培训机构开展其他培训活动时应当制订与培训对象年龄、认知程度等相适应的培训计划。

2. 对培训时间的要求

校外培训机构不得占用国家法定节假日、休息日及寒暑假期组织学科类培训。校外培训机构培训时间不得与当地中小学校教学时间相冲突,线下培训机构培训结束时间不得晚于 20:30。线上培训每课时不得超过 30 分钟,课程间隔不得少于 10 分钟,培训结束时间不得晚于 21:00。运用人工智能技术合理控制学生连续线上培训时间。

3. 对线上培训形式的要求

对线上培训在培训内容、教学课程、课时安排等方面的要求与线下培训类似,除此之外,校外培训机构还需要向主管教育行政部门提供具备相应权限的内容审查账号。线上培训平台应当具备护眼功能和家长监管功能,且平台上的培训内容及相关数据信息应留存 1 年以上(其中,直播教学的影像应至少留存 6 个月)。线上培训机构不得提供和传播"拍照搜题"等惰化学生思维能力、影响学生独立思考、违背教育教学规律的不良学习方法。

4. 对学科类校外培训和非学科类校外培训的分类鉴别要求

根据教育部办公厅《关于进一步明确义务教育阶段校外培训学科类和非学科类范围的通知》、中小学国家课程方案和课程标准等文件规定,结合校外培训的实际情况,对培训项目类别进行鉴别。主要从培训目的、培训内容、培训方式、评价方式等维度进行综合考量,如符合以下特征,即判定为学科类培训项目:(1)培训目的以学科知识与技能培训为导向,主要为提升学科学习成绩服务;(2)培训内容主要涉及道德与法治、语文、历史、地理、数学、外语(英语、日语、俄语)、物理、化学、生物等学科学习内容;(3)培训方式上,重点进行学科知识讲解和听、说、读、写、算等学科能力训练,以预习、授课和巩固练习等为主要过程,以教师(包括虚拟者、人工智能等)讲授示范、互动等为主要形式;(4)评价方式上,侧重甄别与选拔,把学习成绩、考试结果等作为主要评价依据。在开展校外培训时,体育(或体育与健康)、艺术(或音乐、美术)学科、综合实践活动(含信息技术教育、劳动与技术教育)等按照非学科类进行管理。①

5. 对变相违规开展学科类校外培训的认定方法

根据教育部办公厅《关于坚决查处变相违规开展学科类校外培训问题的通知》的规定,学科类培训转入"地下"、换个"马甲"逃避监管等隐形变异问题包括以下7种情形:(1)违反培训主体有关规定,证照不全的机构或个人,以咨询、文化传播、"家政服务""住家教师""众筹私教"等名义违规开展学科类培训;(2)违反培训人员有关规定,不具备教师资格的人员违规开展学科类培训,在职中小学教师违规开展有偿补课;(3)违反培训时间有关规定,通过"直播变录播"等方式违规开展学科类培训;(4)违反培训地点有关规定,组织异地培训,在居民楼、酒店、咖啡厅等场所,化整为零在登记场所之外开展"一对一""一对多"等学科类培训;(5)违反培训内容有关规定,以游学、研学、夏令营、思维素养、国学素养等名义,或者在科技、体育、文化艺术等非学科类培训中,违规开展学科类培训;(6)违

① 教育部办公厅.教育部办公厅关于进一步明确义务教育阶段校外培训学科类和非学科类范围的通知[EB/OL].(2021 - 07 - 29)[2023 - 10 - 19].http://www.moe.gov.cn/srcsite/A29/202107/t20210730_547807.html.

反培训方式有关规定,线下机构通过即时通信、网络会议、直播平台等方式违规开展线上学科类培训;(7)其他违反相关规定的隐形变异学科类培训。

(三) 违规问题处理

以下是一则案例。

案例:培训机构假期违规办学

某年暑假期间,某区教育局在日常巡查中发现某培训机构门口有关于珠心算、书法等培训宣传,现场多名教学人员组织近百名初中生开展学科类培训(主要涉及英语、数学、语文等)。经查,该机构无办学许可证,有营业执照,经营范围为教育咨询服务。现场发现,该机构注册名称与实际办学名称不一致,超法定登记范围经营,违反"不得占用国家法定节假日、休息日及寒暑假期组织学科类培训"规定,组织人员进行学科类培训。

该区教育局立刻对该机构下发《现场督查意见书》,约谈该机构负责人,要求其做好以下工作:(1)立即停止培训行为,并做好退费及向家长解释的工作;(2)撤除户外不规范广告宣传,下架所有不规范的宣传资料。

(来源:上海市某区教育局日常工作总结案例,选作案例时有删减)

案例解析:

本案例中涉及未取得办学许可证的公司超登记范围在暑假期间开展学科类培训的违规行为。根据民办教育法律法规和校外培训机构管理政策的相关规定,面向中小学生的校外培训机构必须取得办学许可证,并向教育部门备案培训的内容、班次、招生对象、进度、上课时间等;培训内容上不得超出相应的国家课程标准,培训进度不得超过所在地中小学同期进度;培训时间上不得占用国家法定节假日、休息日及寒暑假期组织学科类培训。国家对部分培训机构变相违规开展学科类校外培训进行了严格限制。本案例中,该培训机构以珠心算、书法等非学科类培训的名义进行宣传,但实际上面向初中生开展英语、数学、语文等学科类培训。这属于典型的变相违规培训行为,应予以严厉查处。

三、教育培训广告宣传的法律规范要求

（一）基本要求

"双减"政策文件要求做好培训广告管控。中央有关部门、地方各级党委和政府要加强校外培训广告管理,确保主流媒体、新媒体、公共场所、居民区各类广告牌和网络平台等不刊登、不播发校外培训广告。不得在中小学校、幼儿园内开展商业广告活动,不得利用中小学和幼儿园的教材、教辅材料、练习册、文具、教具、校服、校车等发布或变相发布广告。依法依规严肃查处各种夸大培训效果、误导公众教育观念、制造家长焦虑的校外培训违法违规广告行为。

（二）法律规范具体要求

在法律上,《中华人民共和国广告法》中有关于教育培训广告的规定。该法第二十四条对教育培训广告的内容做了三项禁止性规定。教育、培训广告不得含有下列内容:(1)对升学、通过考试、获得学位学历或者合格证书,或者对教育、培训的效果作出明示或者暗示的保证性承诺;(2)明示或者暗示有相关考试机构或者其工作人员、考试命题人员参与教育、培训;(3)利用科研单位、学术机构、教育机构、行业协会、专业人士、受益者的名义或者形象作推荐、证明。该法第三十九条对广告发布的场所、载体、形式等做了禁止性规定,即"不得在中小学校、幼儿园内开展广告活动,不得利用中小学生和幼儿的教材、教辅材料、练习册、文具、教具、校服、校车等发布或者变相发布广告,但公益广告除外"。

《中华人民共和国未成年人保护法》第五十三条列明了"三个不得"的禁止性条款:任何组织或者个人不得刊登、播放、张贴或者散发含有危害未成年人身心健康内容的广告;不得在学校、幼儿园播放、张贴或者散发商业广告;不得利用校服、教材等发布或者变相发布商业广告。

（三）违规问题处理

以下是两则案例。

案例:上海市市场监管部门专项查处校外培训违法广告

自 2021 年 8 月以来,上海市市场监管部门积极贯彻落实中央和上海关于

"双减"工作部署,会同教育部门等开展校外培训广告专项整治,全面清理面向中小学(含幼儿园)的校外培训机构(包括学科类和非学科类)发布的各类校外培训广告,加强约谈教育和监测检查,集中查处了一批虚假宣传、夸大培训效果、误导公众教育观念、制造家长焦虑的违法违规校外培训广告,共查办教育培训违法广告案件 67 件,罚没款 294.2 万元。

以下是上海某教育培训有限公司违法广告案。当事人在本市 63 个社区门禁处及多个校区门口发布"2021 小升初暑假班"的招生广告,含有"399 元:含语、数、英 3 门课程,2 个小时/门/天,10 天共计 60 个小时|原价:6000 元""原价:6000 元,2 人团报每人只要 399 元"等内容。经查,当事人从未以上述原价对外销售过上述课程。当事人的行为构成《中华人民共和国广告法》第二十八条第二款第二项规定的虚假广告。市场监管部门依法责令当事人停止发布广告,在相应范围内消除影响,并处罚款人民币 46.9 万元。[①]

案例:四川某县查处一起违反规定开展招生宣传行为

某县教育局接群众电话反映"某青少年体育俱乐部"通过微信、传单、户外广告、户外活动等违规进行招生宣传。该县教育局立即安排工作组,对该青少年体育俱乐部相关情况进行调查核实。经调查发现,该青少年体育俱乐部存在未向主管部门报备,擅自通过微信、户外广告和招生宣传单发布"升学""考级"等具有诱导性、夸大培训效果的招生宣传信息的问题。

处理结果:(1)责令该青少年体育俱乐部自 2022 年 1 月 11 日起停业整顿,停业整顿期间要主动配合县教育局对事件进一步调查处理,不得开展宣传、招生、培训工作,不得将培训学生转移地点进行培训;(2)全额清退停业整顿期间的学生培训费用;(3)全面整改,全部整改到位后,向县教育局书面提交复核申请,经县教育局验收合格后,方可开展宣传、招生、培训工作。[②]

---

① 上海市市场监督管理局 市市场监管局公布 2022 年第一批虚假违法广告典型案例[EB/OL].(2022 - 01 - 28)[2023 - 10 - 19]. http://scjgj. sh. gov. cn/1073/20220211/2c9bf2f67e77050a017ee83608b15540.html.选作案例时有改动.

② 四川省教育厅.教育厅通报 10 起查处违规校外培训典型案例[EB/OL].(2022 - 03 - 23)[2023 - 10 - 19].http://edu.sc.gov.cn/scedu/c100494/2022/3/23/3acca07e702946eeaed15aa3c3ba2fa3.shtml.选作案例时有改动.

案例解析：

上述两则案例呈现了对校外培训机构违法违规发布宣传广告行为的查处结果。根据我国相关法律法规和政策文件要求，校外培训机构发布广告有严格的限制。就发布的形式和载体而言，校外培训机构的宣传广告不得在各类公众媒体、公共场所、网络平台发布，如社区户外广告牌、小区居民楼的楼道和电梯内、微信等媒体；就内容而言，不得发布具有诱导性、夸大培训效果的内容。部分校外培训机构在广告中通过虚构原价的手段进行虚假宣传，误导公众教育观念和制造家长焦虑，以多种方式和手段吸引家长加入校外培训消费群体。这种对消费者购买行为产生实质性影响的行为，严重扰乱了市场经营和教育管理秩序，损害了消费者的合法权益，应当受到严厉处罚。

【互动 2】

学习本章内容后，请描述社会培训机构从业人员所需要具备的法律素养，并列举一个运用相关法律法规指导自己工作的案例。

【互动 1 参考答案】

问题一参考答案：

1. 该机构在节假日组织培训，违反"校外培训机构不得占用国家法定节假日、休息日及寒暑假期组织学科类培训"的规定。

2. 该机构进行下一学期教材内容的培训，违反"严禁超标超前培训""培训进度不得超过所在县（区）中小学同期进度"的规定。

3. 该机构 6 名教师均为应届毕业生，未在"某市校外培训机构信息管理平台"备案，违反"从事学科类培训的人员必须具备相应教师资格""教学、教研人员的基本信息（姓名、照片等）、教师资格、从教经历、任教课程等信息应在机构培训场所及平台、网站显著位置公示，并及时在全国统一监管平台备案"的规定。

4. 该机构教学场所设在某公办学校内，违反"校外培训机构应当按照许可的办学内容、场所等依法开展培训活动""中小学校不得举办或参与举办校外培训机构"的规定。

问题二参考答案：

1. 社会培训机构从业人员应当符合下列要求：(1)坚持以习近平新时代中国特色社会主义思想为指导，拥护中国共产党的领导和中国特色社会主义制度，全面贯彻党的教育方针，落实立德树人根本任务；(2)爱国守法，恪守宪法原则，遵守法律法规，依法履行各项职责；(3)具备良好的思想品德和职业道德，举止文明，关心爱护学生，教学、教研人员还应为人师表和仁爱敬业；(4)教学、教研人员应熟悉教育教学规律和学生身心发展特点，从事学科类管理培训工作的须具备相应教师资格证书，从事非学科类管理培训工作的须具备相应的职业(专业)能力证明；(5)非中小学、幼儿园在职教师。

2. 社会培训机构从业人员不得为以下人员：(1)纳入"校外培训机构从业人员黑名单"管理的人员；(2)被剥夺政治权利或者故意犯罪受到有期徒刑以上刑事处罚的人员。

3. 社会培训机构从业人员不得有下列情形：(1)有损害党中央权威、违背党的路线方针政策的言行；(2)损害国家利益，损害社会公共利益，或违背社会公序良俗；(3)通过课堂、论坛、讲座、信息网络及其他渠道发表、转发错误观点，或编造散布虚假信息、不良信息；(4)歧视、侮辱学生，存在虐待、伤害、体罚或变相体罚未成年人行为；(5)在教学、培训等活动中遇突发事件、面临危险时，不顾学生安危，擅离职守，自行逃离；(6)与学生发生不正当关系，存在猥亵、性骚扰等行为；(7)向学生及家长索要、收受不正当财物或利益；(8)被依法追究刑事责任；(9)存在吸食毒品等违反治安管理法律法规行为；(10)违法传教或者开展宗教活动；(11)宣扬或从事邪教。

第三章

沟 通 素 养

沟通是获取信息、达成目标的重要手段，是交流思想、分享感情的重要方法，是减少冲突、改善关系的有效途径。

培训师如何与学习者及相关人员建立良好的关系并进行有效的沟通？本章聚焦培训师的沟通素养，旨在帮助培训师掌握相关沟通策略和方法。

【互动 1】

1. 如果你是培训师,下列哪些描述符合你与学习者的沟通现状?(多选)请在相应的选项前打"√"。

(   )A. 学习者愿意与你交流自己的心里话。

(   )B. 你很注重基于学习者的需求选择沟通内容。

(   )C. 学习者对你选择的沟通内容非常感兴趣。

(   )D. 你经常在课堂上与学习者交流。

(   )E. 你经常利用课余时间与学习者交流。

(   )F. 你能够通过多种途径与学习者交流。

(   )G. 在沟通中,你能及时发现学习者的闪光点并予以鼓励。

(   )H. 在沟通中,你会耐心倾听学习者的想法。

(   )I. 在沟通中,总是你先提问,学习者才回答。

(   )J. 你的个人情绪会影响你与学习者的沟通。

(   )K. 你总是能抓住与学习者沟通的有利时机。

(   )L. 学习者在你的课堂中是轻松愉快的。

(   )M. 沟通交流后,你与学习者的关系变得更加亲密。

(   )N. 沟通交流后,学习者对相关问题有了比较清晰的认识。

(   )O. 沟通交流后,学习者能充分了解自身的优缺点并主动改正缺点。

(   )P. 其他(请补充)_____

2. 如果你是学习者,在沟通时,培训师的哪些行为让你无法接受?(多选)请在相应的选项前打"√"。

(   )A. 培训师的姿态较高。

(   )B. 培训师对学习者冷嘲热讽。

(   )C. 培训师泛泛而谈。

(   )D. 培训师总是打断学习者的发言。

(   )E. 培训师连续发问。

(   )F. 培训师总是训诫和说教。

（　　）G. 培训师避实就虚，让人迷惑不解。

（　　）H. 培训师没有查明真相就轻率地进行判断。

（　　）I. 培训师侮辱学习者的人格。

（　　）J. 除了培训内容，培训师不会与学习者进行其他的沟通。

（　　）K. 培训师从不赞美学习者。

（　　）L. 其他（请补充）_____

我们收集并分析过很多培训师、学习者对上述问题的反馈。统计结果表明，受欢迎的培训师大多具有明显的学习者立场，能够亲切、平等地对待学习者，能够充分理解和关爱学习者，掌握了一定的沟通技巧。部分学习者认为培训师与自己的沟通是无效的，存在诸多问题，例如，培训师缺乏同理心，不能积极倾听学习者的想法，沟通方式单一，沟通技巧匮乏。怎样才能促进培训师与学习者有效沟通，是本章要重点讨论的问题。

沟通是人与人、人与群体之间思想与感情的传递和反馈过程，以求思想达成一致。沟通其实是为了特定的目标，在个体和群体间传递相关信息，让相关人员交流思想和情感，以达成共识。沟通是培训师必备的素养之一，培训师要与学习者及相关人员建立良好的关系并进行有效的沟通。

第一节　良好师生关系的建立

建立良好的师生关系，是培训师与学习者双方的心理需求。良好的师生关系是教育教学活动取得成功的重要条件，良好的师生关系能够促进学习者快乐学习，同时能有效减少学习者的问题行为。与正规学校教育相比，社会培训在其教育属性之外，又有其独特的市场属性。教育属性天然地决定了培训师与学习者是相互尊重、彼此关爱的教育伦理关系；市场属性意味着培训师与学习者是平等的服务契约关系，具有一定的交易性和功利性。教育属性是第一位的，市场属性是第二位的。要防止培训师讨好、逢迎学习者的虚伪的人际关系倾向，也要防止学习者认为培训师的传道解惑只是为了赚钱，"尊师重教"思想有可能淡化的倾向。①

一、社会培训中良好师生关系的特征

（一）尊师爱生

尊师爱生是对师生彼此情感关系上的要求。学习者应该尊重培训师的劳动成果与人格尊严，对培训师要有礼貌，尽可能配合培训师的教学工作，完成培训师布置的学习任务。培训师应该关爱学习者，具有基本的职业道德。尊师与爱生是相互促进的两个方面：培训师通过对学习者的尊重和关爱换取学习者发自内心的尊敬与信赖；学习者对培训师的尊敬与信赖又促使培训师更加努力地工作，为学习者营造良好的学习氛围和学习条件。

（二）民主平等

民主平等包括两层含义。一是培训师与学习者的地位平等。培训师不能以自己在知识能力、教学主导角色上的优势歧视、压迫或忽视学习者，而应与学习者建立相互尊重、相互理解、平等对话的关系。培训师不必事事强于学习者，要敢于放下身段，承认自己的不足，虚心向学习者学习，教学相长。学习者要清楚自己与培训师的平等地位，主动行使自己的权利，在适当的时机合理表达自己的想法，学会与培训师互动合作。二是学习者之间地位平等。培训师对所有学习者应该一视同仁，不能因为学习者的出身、成绩、身体、外貌等区别对待学习者。

---

① 杨春.课外补习教育中师生关系伦理性与契约性的博弈[J].教育理论与实践（中小学教育教学版）,2011(1).

（三）教学相长

教学相长体现为师生的互动促进关系。教学相长包括三层含义。一是培训师的教可以促进学习者的学。培训师术业有专攻,基于学习者学习与发展的需求,通过培训教学与个别辅导,帮助学习者增进知识、提高技艺、发展品格。没有培训师的教,学习者也有可能发展,但要经历漫长的探索,花费更多的时间与精力。二是培训师可以向学习者学习。当前,数字技术迅猛发展,知识更新的速度加快,人们获取知识与信息的渠道更加多元,学习者在某些方面掌握的信息可能比培训师更多,再加上社会培训中的学习者还包括工作生活阅历丰富的成年人,他们在某些领域可能比培训师更强。所以,培训师需要端正自己的态度,放下权威的架子,敢于承认自己的不足,敢于向学习者学习与求教。学习者要客观地认识到培训师并非事事精通,以平常心、宽容心对待培训师,同时增强自信心,敢于分享自己的经验与观点。三是学习者可以超越培训师。"孔子曰:三人行,则必有我师。是故弟子不必不如师,师不必贤于弟子,闻道有先后,术业有专攻,如是而已。"(韩愈《师说》)学习者完全可以超越培训师。

（四）心理相容

心理相容指的是培训师与学习者在心理上协调一致,在培训教学实施过程中表现为师生关系密切、情感融洽、平等合作。心理相容是群体人际关系的重要心理成分,是群体团结的心理特征。从培训师与学习者人际关系的角度来看,培训师与学习者的心理相容是指培训师与学习者群体、培训师与学习者个人在心理上协调一致并相互接纳。心理相容以群体共同活动为中介,以成员对共同活动的动机与价值观一致为前提。培训师与学习者之间虽然文化水平不同,但社会目标和根本利益是一致的,在培训师指导下,学习者群体、学习者个人和培训师的动机与价值观也能达到某种程度上的一致。培训师与学习者在动机与价值观上达到一致,培训师的行动就能得到学习者的肯定,进而使学习者采取相应的行动。心理相容使师生交往氛围融洽,对维系正常的师生关系具有重大的情感作用,对维持学校秩序、保证教育教学任务的完成具有重大作用。

（五）良师益友

良师益友是对培训师与学习者关系最综合、最典型的概括。"良师益友"一词在《现代汉语词典》(第 7 版)中的解释是"使人得到教益和帮助的好老师、好朋友"。在本书中，"良师益友"是指培训师与学习者之间的理想关系，即在课堂上是师生，在课下是知心的、相互信任的朋友。在课堂上是师生，意味着培训师承担教书育人的使命，是教学的主导，是教育者、指导者，教导、帮助、关爱学习者；学习者是学习的主体，是被教育者、被指导者和求知者，信赖、尊敬、爱戴培训师。培训师爱生乐教，学习者尊师爱学。在课下，培训师与学习者是无话不谈的朋友。社会培训具有契约性服务关系的属性，这使得培训师通常具有较强的服务意识。有研究结果表明，学习者与培训师之间较少有距离感，学习者认为自己与培训师的关系就像好朋友一样。[①] 当然，要做学习者的良师益友，培训师需要不断自我修炼，胸怀理想、充满激情、知识渊博、教学水平高超、语言风趣幽默……只有这样，培训师才能成为新时代的优秀培训师，才能成为学习者的良师益友。

二、社会培训中师生关系的影响因素

社会培训中师生关系的影响因素可以归纳为主观因素与客观因素两类。主观因素是指培训师、学习者方面的因素，客观因素主要是指环境方面的因素。

（一）培训师方面的因素

1. 培训师的职业道德及其对待学习者的态度

培训师的职业道德主要包括培训师对待培训教学工作、学习者等的态度与行为。培训师应具备良好的思想品德和高尚的道德情操，严于律己，为人师表，对工作高度负责，关心爱护学习者，尊重学习者人格，平等公正对待学习者，这样才能得到学习者的尊重与信任，更容易与学习者建立良好的师生关系。那些功利心太强、对待工作敷衍塞责、对学习者表现出不耐烦甚至讽刺、挖苦、歧视学习者的培训师很难得到学习者的认可，也很难与学习者建立良好的师生关系。

---

① 郑思.小学高年级校外补习教育中师生关系现状的调查研究[D].长沙:湖南大学,2014.

2. 培训师的学识素养与教学能力

在社会培训中,培训师与学习者存在契约性的服务关系,培训师因为能够满足学习者个性化的学习与发展需求,从而在协商的基础上与学习者结成了师生关系。培训师的学识素养与教学能力对师生关系有重要影响。学识素养深厚、教学内容生动、教学水平较高的培训师更容易得到学习者的钦佩与喜爱,更容易与学习者形成良好的师生关系。那些照本宣科、采用填鸭式教学方法、知识贫乏的培训师容易使学习者产生厌学情绪,对培训师产生不满,进而导致不良的师生关系。

3. 培训师处理问题的方式

在培训教学中,尤其是面向青少年学习者时,难免会发生课堂学习纪律不佳、学习者之间发生矛盾、学习者不按时完成作业等情况,培训师要本着对学习者负责的态度,深入了解原因,做出恰当的处理,避免简单粗暴,伤害学习者的自尊心。

4. 培训师的人格因素

培训师的人格因素包括培训师的性格特点、气质形象、语言谈吐、兴趣爱好等。性格开朗、平易近人、风趣幽默、兴趣广泛、气质高雅的培训师更容易被学习者喜欢,也更容易与学习者建立良好的师生关系。

著名教育家乌申斯基认为,固然,许多事有赖于学校的一般规章,但是最重要的东西永远取决于跟学生面对面的教师个性。教师的个性对年轻心灵的影响所形成的那种教育力量,无论靠教科书、靠道德说教、靠奖惩制度都是无法取代的……只有个性方能影响个性的发展和定型,只有性格才能养成性格。教师的个性潜移默化地影响着青少年的精神世界,同时影响着教育教学效果。富有个性魅力的培训师就好像有一股力量,让所有学习者凝聚在他的身旁,接受他的教育,从而与之形成一种积极的师生关系。①

(二)学习者方面的因素

1. 学习者对培训师的认识

学习者对培训师的认识包括学习者对培训师价值、地位、作用等的认识。学

---

① 郑思.小学高年级校外补习教育中师生关系现状的调查研究[D].长沙:湖南大学,2014.

习者应该认识到培训师是指导与帮助自己学习的教师,从内心尊重培训师的培训教学工作与人格尊严,对培训师要有礼貌,尽可能配合培训师的工作,完成培训师布置的学习任务。如果学习者把培训师看作赚钱的生意人,可能就会从内心贬低他们作为教育者的价值与尊严。学习者只有从内心尊重与认可培训师,才能与其建立良好的师生关系。

2. 学习者的心理发展特征

从学习者的心理发展特征来看,青少年学习者的身心发展尚未完全成熟,自我控制能力不强。处于青春期的学习者更是容易产生逆反心理,喜欢与培训师、家长对着干。培训师如果不了解学习者的心理发展特征,缺乏正确的沟通与引导方法,就有可能与学习者产生矛盾,陷入不和谐的境地。

(三)环境方面的因素

1. 家庭方面的因素

家庭对学习者有着深远的影响,对培训师与学习者的关系也会产生一定的影响。亲子关系和谐,家长对培训师的价值、地位与作用有正确的认识,尊重培训师,尊重知识,有助于学习者与培训师建立融洽的师生关系。

2. 社会方面的因素

社会方面的因素包括师道尊严的观念、培训师的社会地位、社会风气和舆论等。如果社会层面把社会培训的市场营利性放大的话,培训师与学习者之间的关系就有可能沦落为买卖关系、利益关系,培训师就很难获得作为教育者应该享有的尊重与权利。当前信息媒体发达,每天的信息可以便捷、快速地通过网络、广播、电视、报纸等进行传播,媒体可能会将社会培训方面的负面新闻无限放大,影响学习者对社会培训与培训师的态度,进而影响师生关系。

三、社会培训中良好师生关系的建立策略

要在社会培训中建立良好的师生关系,培训师必须做到以下几点。

(一)了解、关爱学习者

在社会培训中,培训师既是教育者又是服务者,学习者既是受教育者又是学

习的主体。培训师要尊重学习者的人格,增强学习者的主动性和积极性,了解学习者的思想意识、兴趣、需要、个性特点等,同时也要了解学习者的学习与生活环境。培训师如果对学习者有深入的了解,就知道如何与其进行沟通,此时学习者也愿意向培训师敞开心扉,倾诉内心真实的想法。培训师还要热爱学习者,全心全意为学习者服务。需要注意的是,虽然学习者是学习的主体,但幼儿与青少年学习者往往是不成熟的,他们需要培训师的扶持和引导。因此,学习者必须尊重、信赖、依靠培训师。

【实践场景】

培训师与学习者初次见面,或平时接触不多,可以通过以下途径了解学习者。

一是多方联动,了解学习者的基本信息。培训师要主动与学习者交谈,了解他们对培训的期待等。培训师可以与青少年学习者的家长进行深入的沟通,了解学习者的成长经历、生活环境、行为表现等。

二是学会观察,发现学习者的个性特长。培训师要善于在培训课堂以及课外实践中观察学习者,发现学习者的个性特长,了解学习者的能力特点。培训师尤其要关注不善于交流的学习者。

(二)提高技能,增加魅力

培训师是教育者,树立培训师威信,对于建立良好的师生关系、形成正常的培训教学秩序、提高培训教学效果都是十分必要的。但是,培训师威信不能单靠行政手段来树立,那样只会增加学习者的心理反抗。培训师威信的树立有赖于培训师素质和教育教学水平的提高。

知识广博、幽默风趣的培训师必然会得到学习者的喜爱。培训师要努力增长自己的知识,不断拓宽自己的知识面,确保教得有趣、有效。同时,培训师要不断提高自己的素质和培训能力,调动学习者学习的积极性。这会让师生关系更融洽,交流更顺畅。

(三)加强交流,促进互动

培训师如果没有深入到学习者中间,经常与学习者交往,就无法与学习者建立亲密无间的关系。师生交往的过程就是培训师了解学习者对各种事物的感受的过程,培训师对之表示理解并加以引导,就可以增进师生之间的感情,就会密切师生关系。师生交往的过程就是相互满足需要的过程,师生在交往中使各自的需要得到满足,进而建立亲密无间的关系。①

师生之间一般要经历接触、亲近、共鸣、信赖四个步骤,才能建立起亲密无间的关系。师生初次接触难免有生疏之感,学习者难免有敬畏心理。经过多次接触,学习者感到培训师平易近人,便会愿意与培训师亲近。有了亲近的感情,培训师在学习与生活中诚挚关心、耐心引导学习者或在共同活动中激发起学习者的浓厚兴趣,就能与学习者产生情感上的共鸣。师生不断交往,培训师逐步把学习者引上学习与进步的成功之路,学习者必然会信赖培训师。

【实践场景】

培训师工作节奏快,很难抽出时间与学习者聊天。学习者每天忙于学习,也很难有时间与培训师谈心。针对这些情况,我们有以下几点建议。

一是利用碎片化时间。培训师可以利用课前、课中、课后等时间与学习者谈话,也可以邀请学习者共进午餐、同走上班路(放学路)等。

二是参与学习者的活动。培训师可以主动参与学习者的活动,创造与学习者聊天的机会,逐步增进师生情谊。

三是拓展交流方式。除了面对面交流,培训师还可以借助各类媒介(如小卡片)开展对话,引导学习者分享、倾诉、表达。

(四) 在平等的基础上树立培训师威信

树立培训师威信有助于建立良好的师生关系。培训师不仅要有广博的知识,还要有同理心、公正感和自制力。其一,培训师要有同理心,即培训师能够从学习者的角度思考问题,与学习者心意相通。其二,培训师要有公正感,即培训师对于不同相貌、性别、智力、个性、家庭背景的学习者要一视同仁。公正是学习者信赖培训师的基础。培训师公正、平等、无私地对待学习者,会对学习者产生

---

① 张东良,周彦良.教育学原理[M].北京:北京理工大学出版社,2017.

有益的影响,激励他们追求真、善、美。这有益于提高教育工作的效果。其三,培训师要有自制力。培训师是教育者,学习者是受教育者,无论学习者犯了多么明显的错误,有多么无理,培训师都不能忘记自己的身份,不能对学习者发脾气,更不能有失去理智的行为。

【实践场景】

沟通中,培训师与学习者有时会因缺少共同话题而陷入尴尬的局面。针对这种情况,我们有以下几点建议。

一是借助游戏,拉近距离。培训师可以组织开展破冰游戏等,在轻松愉悦的氛围中与学习者交流兴趣爱好、新闻热点等,增进了解,拉近彼此的心理距离。

二是把握契机,寻找话题。交谈的话题可以涉及生活、家庭、学习、未来等方面。培训师要善于在生活场景中把握沟通契机,寻找聊天话题。

三是共同活动,丰富话题。培训师可以与学习者一起参加活动,如共读一本书。这既能丰富师生交流的话题,又能让师生在交往中增进了解。

第二节　培训师与学习者沟通的策略和方法

沟通在培训教学中起到润滑剂的作用,缺少沟通,培训师会觉得没有成就感和幸福感,学习者也会觉得累,因为培训师不了解他们的真正需求。其实,培训师与学习者都迫切需要沟通,也都期待以朋友的方式平等沟通。[1]

---

① 马连华.高职教师教育理论知识培训教程[M].北京:清华大学出版社,2010.

一、培训师与学习者沟通中的常见问题

(一) 使用不恰当的语言

培训师在教学中有可能会使用一些不恰当的语言来达到震慑学习者的目的。这种方法在实际培训教学中可能会有一定的效果,但是容易造成师生关系紧张。学习者把培训师的话当成命令来执行,这不利于学习者的知识学习和行为改进。常见的不恰当的语言包括四类。一是指令性语言,如"不许你再说话,你会影响其他同学,请你闭嘴""你的成绩太差了,我对你没有信心"。这类语言没有顾及学习者的感受,可能会让学习者惧怕培训师,甚至对培训师产生怨恨、恼怒和敌对情绪。二是警告性语言,如"如果你再这样下去,我要对你采取一定的措施""如果你再不改正,我就打电话给你的家长,叫你的家长来见我"。警告与威胁可能会引起青少年学习者的敌意。三是训斥性语言,如"如果你听从我的劝告,你就会……""你必须……"。这类语言预先设立了一种不能违抗的立场,会使学习者感受到与培训师之间地位的不平等,感受到培训师在运用权威,进而对培训师产生防卫心理。四是恶意中伤性语言,如"你以为你很聪明吗?不要自以为是"。虽然很多培训师有恨铁不成钢的心理,期待通过敲打的方法引导学习者去奋发努力,但这样往往会让学习者形成不良的心理状态,让学习者觉得自尊心受到伤害,产生自卑心理。这样的语言往往不会发挥正向的作用,反倒会弄巧成拙,使学习者产生厌烦和敌对心理。

(二) 采用强迫性思维

强迫性思维主要是指培训师喜欢把自己的认知强加给学习者,让学习者无条件地服从自己,有两种表现:一种是把自己喜欢的观念或行为强加于人;另一种是把自己不喜欢的观念或行为强加于人。培训师对学习者的强迫性思维主要是把自己的喜好强加给学习者。一些培训师常常认为自己的意见是最好的,把自己的喜好强加给学习者,把自己的价值观灌输给学习者。

（三）不能认真聆听学习者的想法

沟通的前提是聆听，培训师只有认真了解学习者的问题和情况，才能采取必要的手段和策略帮助他们解决问题。有些培训师在与学习者沟通时往往凭借自身的经验，没有认真聆听学习者的想法，甚至用完全相同的方法来教育不同的学习者。今天的学习者学习知识的途径和认识事物的方法，与之前的学习者有很大的不同，培训师不能完全照搬以往的经验。培训师不认真聆听学习者的想法，坚持采用自己的方式开展培训活动，可能会引起学习者的反感。培训师应关注学习者内心的真实感受，不能只是单向地给学习者灌输知识。有些培训师没有倾听学习者的解释，造成了沟通障碍。培训师无法了解问题产生的原因，也就不能进行正确的指导，工作便没有效果。培训师不应一味地指责学习者，应先倾听学习者对事件的解释或者先让学习者表达自己的观点，在此基础上帮助学习者找到问题产生的原因，进而通过与学习者交流解决问题。

（四）情绪波动较大

培训师在培训教学过程中情绪波动较大，往往有如下表现：(1)情绪低落，精神萎靡，讲课时提不起精神，语音低沉，课堂气氛沉闷，缺乏生机和活力；(2)心烦意乱，精神难以集中，讲授内容频频出错，导致学习者思维混乱，疲于应付；(3)情绪冲动，容易动怒，导致学习者情绪压抑、思维受挫。培训师的情绪不稳定，不仅会影响自己对知识的讲解和学习者对知识的领悟，降低课堂教学效果，还会导致学习者出现不同程度的心理问题。表3-1呈现了不同场景中师生沟通的技巧。

表3-1　不同场景中师生沟通的技巧

场景	建议这样说	不建议这样说
你发现小玲闷闷不乐，原来，她这次没考好。当你安慰她时，她向你吐露，"这次考试，我犯了一些低级错误。我现在越来越差了"	我知道你对自己的要求很高，但老师一直觉得你很棒	你对自己的要求太高了，你的成绩不算差

（续表）

场景	建议这样说	不建议这样说
上课时，"调皮鬼"小明不停地逗同学笑，你的课堂教学被迫中断。你请小明站起来回答问题，他却理直气壮地说："老师，这题我不会"	我发现你今天特别活跃，请你先坐下来好好听讲，下一个问题我还请你来回答	你不会做题，还在课上讲话，不会就给我好好听课
小李的作业没有做完，你问她时，她支支吾吾，说不出原因	你没完成作业一定是有原因的。发生什么事情或者遇到什么困难了吗	全班就剩你没做，请你去把作业抄 10 遍

二、培训师与学习者沟通的心理学原则

（一）有同理心

同理心亦称共感、共情，由美国心理学家铁钦纳提出，它指的是一个人所具有的体会不同情绪的能力。有同理心要求培训师站在学习者的立场和角度思考问题。同理心有三个必备的条件：一是站在对方的立场去理解对方；二是了解导致某种情形的因素；三是让对方知道自己设身处地为他着想。培训师和学习者的想法不可能完全一致，如果培训师一味强调自己的观点，忽视学习者的感受，学习者就会疏远、讨厌培训师，进而产生逆反心理。教育效能的发挥需要建立在良好的师生关系基础上，而建立良好师生关系的前提是师生之间有效沟通，培训师有同理心能促进师生之间有效沟通。

（二）聆听学习者的想法

聆听是指集中精力认真地听，学会聆听，也就是学会宽容、谦虚。培训师应认真聆听学习者的想法，进而实现师生间顺畅和有效的沟通。苏联教育家苏霍姆林斯基认为，真正的教育意味着人和人心灵上最微妙的接触，学校是人们心灵相互接触的世界。因此，良好的师生沟通以聆听为前提，师生间之所以会出现交流不畅，往往是因为培训师的反应模式使学习者感到自己是不对的、不应该的、不可接受的。积极聆听是培训师打开学习者心门的一把钥匙。聆听在师生沟通

中有着奇妙的功效。不加评判、表示理解地聆听可能是培训师送给学习者的最好的礼物。

（三）尊重学习者

尊重的基本含义是敬重和重视，每个人都渴望得到他人的尊重，但个体只有尊重他人才能赢得他人的尊重，尊重是建立良好师生关系的基石。培训师只有尊重学习者才能赢得学习者的尊重。尊重学习者是指培训师要把学习者看成具有平等人格的人，而不是可以随意训斥的孩子。培训师要尊重学习者的人格，平等地对待学习者的不同意见。培训师尤其不能说伤害学习者人格的教育忌语，给学习者起有侮辱性的绰号。培训师批评学习者时要重说理，重启发，就事论事，避免因学习者偶然的行为失当而对其整体人格品质进行负面评价。尊重学习者还包括尊重学习者的个别差异。培训师要承认差异，同时以开放的态度接受这种差异。

（四）接纳学习者

美国著名心理学家高顿认为，接受他人是培育良好关系的重要因素。接纳使学习者深思并向培训师敞开心扉，不接纳则使学习者焦虑不安并反抗。培训师应该无条件地相信学习者本身有朝着好的方面去无限发展的可能性，这是接纳较完整的品质。接纳是培训师对学习者爱的表现，当培训师真正地爱学习者的时候，他便会对学习者无限发展的可能性持有最大的信心，培训师对学习者的爱和接纳是紧密相连的。当然，培训师对学习者的接纳不是狭隘的，不等于培训师赞同学习者的不良行为，也不等于培训师用自己的价值观和思考模式来衡量学习者，更不等于培训师对学习者的表达无动于衷，培训师的接纳应该是有客观原则的接纳，既要纠正不良心理和行为习惯，又要肯定积极的表现。这样的接纳才能让学习者真切体验到培训师用"大爱"的教育理念与其真诚地交流和沟通。①

---

① 刘晓佳，罗伟，毛雪松.教师的沟通素养[M].长春:吉林文史出版社,2012.

三、培训师与学习者沟通的方式

（一）课上沟通

第一，培训师应尽快熟记学习者的名字。培训师能叫出学习者的名字，会让学习者对其产生亲切感和认同感。第二，培训师应使用恰当的方式与学习者交流。在课堂上，提问与被提问是师生常见的沟通方式，培训师可以通过提问了解学习者对所教内容的理解情况，掌握学习者的接受能力和水平，进而调整教学的进度，调整课堂的气氛。提问时，如果学习者答非所问，或与培训师预设的答案发生冲突，培训师既不能立刻否认学习者的观点和看法，也不能批评指责学习者，而应用探讨的方式说明观点，使学习者正确理解自己讲授的内容。为了使不同学习者在课堂上都有发言的机会，培训师要建立一些基本规则，如不随意打断学习者的发言，创设安全友好的课堂氛围；注意给不那么爱发言的学习者提供发言机会。① 第三，培训师可以通过非言语交流拉近与学习者的距离。非言语交流包括肢体动作、面部表情、空间距离、仪表仪态等。第一印象非常重要。如果培训师在上第一节课时，以大方得体、干净利落的形象出现在学习者面前，学习者往往会被培训师的气质所吸引，进而集中注意力于培训师所讲的内容。培训师还可以用眼神与学习者沟通和交流。如果发言的学习者性格内向且学习成绩一般，培训师可以面带微笑并用充满期待和鼓励的眼神望着学习者，给学习者以信心和力量。眼神的沟通也可以是严厉的，当学习者注意力不集中，做与课堂无关的事时，培训师可以突然停止讲授，给这样的学习者一个严厉的眼神。有时，严厉的眼神比声嘶力竭的教训更能达到教育的目的。在课堂上，培训师的眼神、手势、动作和仪态都可以成为交流的方式。

（二）课下沟通

第一，培训师可以利用课间时间走到学习者中间去，询问学习者对知识、技能等的学习和理解情况，了解学习者的作业完成情况或疑难问题。这种方

---

① 王蓓蓓.小学师生沟通存在的问题及对策研究[D].南京:南京师范大学,2014.

式有助于增进培训师与学习者的情感沟通。第二,培训师可以在学习者的作业本、考试卷、成绩单上写评语。这些都是有效的沟通方式。培训师可以将对学习者成绩、生活的关心和鼓励用评语的方式告诉学习者。第三,培训师可以在学习者的生日或重大节日时,为学习者寄送一些贺卡,写上一些祝福、勉励的话,加强师生的心灵沟通。第四,培训师可以通过各种课下活动增进与学习者的沟通。如果培训师参加学习者的兴趣活动,对平时学习动力不足的学习者在活动中的突出表现给予真诚的赞赏,学习者往往会更愿意与培训师保持良好的交流和沟通。

(三) 网络沟通

随着现代通信技术的发展,传统的沟通方式发生了变化,直接沟通、书信交流等逐渐被微信、QQ等网络沟通模式取代。很多青少年学习者更崇尚朋友式的平等师生关系,培训师可以借助网络沟通方式与那些强调自我权利、逆反心理较重的学习者交流。培训师也可以采取适当发放奖品的方式与学习者进行情感沟通,奖品可以是卡片、文具、书籍、生活用品等。培训师需要根据沟通方法、目的等选择不同的奖品。恰当的奖品能够表达出培训师对学习者的关心和重视,使得师生间隔阂消解,沟通顺畅。[①]

四、培训师与学习者沟通的策略和技巧

(一) 充满爱与责任,认真了解倾听

只要心中充满了爱与责任,每一名培训师都是传递爱的使者。想要真正走进学习者心中,主动倾听必不可少。主动倾听是培训师送给学习者的一份特殊礼物,能让学习者深深感受到"我很重要,我的想法很重要,培训师愿意努力地走近我,与我交流"。主动倾听能让培训师了解学习者的精神世界,把握学习者的独特性,理解学习者言行表现的内在根据。正如苏霍姆林斯基所言,教育中的许多偏见和失败,都源于教师对学生的了解不够[②]。在一定程度上,会听比会说重

---

① 王引芳.论师生沟通的技巧[J].山西师范大学学报(自然科学版),2011(S1).

② 苏霍姆林斯基.人的教育问题[J].外国教育资料,1986(4).

要,培训师在积极聆听的过程中才会知道应该如何去"说",而且,积极聆听可以给学习者提供一个找到问题解决办法的空间。

培训师在聆听学习者的想法时要注意以下几点:(1)全神贯注地倾听,把自己的注意力都放到学习者的身上,给予学习者无条件的、真诚的关注;(2)用"哦……""嗯……""是这样啊……"等简单的话来回应学习者,代替指责、提问与建议;(3)说出学习者的感受,培训师要在无条件的倾听中与学习者在情感上达到共鸣。

（二）换位思考,求同存异

在培训师与学习者交流的过程中,培训师要准确地理解和体会学习者的感受,学会换位思考。培训师不仅要用学习者的心情去感受,用学习者的方式去思考,还要用口头语言和身体语言把对学习者的准确理解清楚地传递出来,让学习者明确感受到培训师和自己是站在同一个立场上的。

（三）鼓励赞赏,交流沟通

适时而恰当的鼓励与赞赏能使学习者进一步认识到自己的潜能,增强学习的信心。实践证明,在教学过程中采用"鼓励赞赏＋提出希望"的做法,效果颇佳。要想做好鼓励与赞赏,沟通是关键。培训师在教学实践中要把握好沟通的方法与技巧,提升沟通素养,让教育过程富有生机与活力。

培训师要提高说话的艺术水平,与学习者有效沟通,常用的策略包括以下几种。一是幽默。研究结果显示,学习者所列举的喜欢的培训师品质中,幽默一直是位于前列的。学习者在与幽默的培训师沟通时会感到快乐,沟通也会因此而顺畅。二是委婉。师生沟通中,即使培训师的话是正确的,如果太过于直白,学习者也会因为某些原因而觉得难以接受。因此,直言不讳的效果一般不太好。在沟通中,如果培训师能根据学习者的特点和性格使用委婉的语言,学习者就能从理智和情感上接受培训师的建议。三是沉默。在师生沟通中,培训师可以有意识地保持适当的沉默。在师生面对面的交谈中,如果学习者的注意力不集中,培训师适时的沉默往往能够起到一定的提醒作用,使他们集中精力进行对话。

在沟通中,培训师批评学习者时要考虑其心理特点。对于比较活跃的学习者,培训师可以先进行冷处理,再采用"回马枪"法;对于性格比较安静的学习者,培训师可以先耐心地说服,再追踪评价;对于性格比较脆弱、心理承受能力差的学习者,培训师可以先采用暗示的、和风细雨式的谈话方法,再找准时机指出问题。这些批评手段符合学习者的心理特点,更易于让学习者接受培训师的指导。在表扬学习者时,培训师要描述学习者具体的行为或者自己的感受。例如,当培训师看到学习者把书桌整理得很整齐时,可以说"你把书桌整理得很整齐"等,从这样的表扬中,学习者能够得出有关自己人品和性格的总体结论。

(四) 运用体态语言,传情达意

在培训师与学习者沟通过程中,非言语沟通和言语沟通同等重要。培训师一要注重自己的着装。培训师穿着太过于前卫或另类可能会对学习者产生消极的影响。培训师着装应该活泼而不失庄重、时尚而不张扬,符合教育者应有的形象。二要适当使用眼神。培训师要训练一下自己的眼神,确保与学习者沟通时让其感到舒服和心安。培训师要尽量避免使用消极的眼神,如怒视、漠视、侧视、盯视。三要恰当使用面部表情。培训师与学习者沟通时要经常保持微笑。微笑会让学习者觉得培训师亲切友好。在沟通中,面对学习者的一些不良行为时,培训师也需要用到一些严肃、庄重的表情。

美国心理学家梅尔·西尔伯曼分析了非言语行为中攻击性的表现(见图 3-1)、信心十足的表现(见图 3-2)、局促不安的表现(见图 3-3)。培训师可以对照相关描述分析自己的非言语行为是否需要纠正。

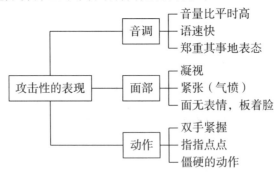

图 3-1 非言语行为中攻击性的表现

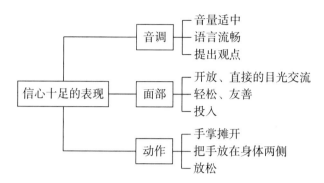

图 3-2　非言语行为中信心十足的表现

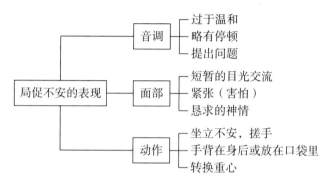

图 3-3　非言语行为中局促不安的表现

【谈心谈话实录】

小王同学在培训中一直跟不上进度,他渐渐失去了学习的信心,沉迷于网络游戏,平时也不愿意与培训师交流。如何才能让小王接受、认可、信任培训师,在遇到问题时愿意寻求培训师的帮助呢?

培训师:我了解到你最近在培训中的表现不太理想,我很担心,想和你谈一谈。(建立关系;对比:你最近怎么一直跟不上进度)

小王:老师,没什么好谈的,我也没办法,反正就这样了。

培训师:看来你也很无奈,请你说一说哪些具体情况让你觉得没办法。(共情,引发具体的思考;对比:你为什么会这样)

小王:我每天有点浑浑噩噩。

培训师:你说的浑浑噩噩指的是什么呢?(了解倾听;对比:你为什么会浑浑噩噩)

小王：我每天都要玩手机玩到很晚，对学习没有什么兴趣，有时脑子里会出现一片空白。

培训师：你能认识到玩手机影响了学习，证明你也想要改进。你有没有可能减少玩手机的时间呢？（积极反馈；对比：那你就不要玩手机了）

小王：我也想过，但是不玩手机就难过，可能是上瘾了吧。

培训师：克服对手机的依赖确实比较困难。现在这种情况给你造成了哪些影响呢？（换位思考，引导反思；对比：你为什么会上瘾呢）

小王：我在学习中始终没有起色，父母总是盯着我，烦死了。

培训师：你有没有想过做出一些改变？

小王：想过，但这有些困难，一是培训任务有点难；二是自己比较懒惰，总是坚持不了，静不下心。

培训师：原来你眼中的自己是这样的，其实我发现你对感兴趣的事情还是能坚持的。只要你想改变，我们一定能找到办法。你觉得你现在可以在哪些方面有所调整呢？（鼓励赞赏，引导反思；对比：即使感到困难，你也应该学着坚持）

小王：在学习时，我可以尽量集中注意力，认真完成培训任务。

培训师：非常好，如果你做到了这两点，或许你会发现培训任务并没有那么难！你认为有哪些因素会影响你完成培训任务呢？

小王：我控制不住自己，很想玩手机。

培训师：老师有时也会控制不住自己，也想玩手机。这一点对你来说确实有困难，你希望老师给你提供哪些帮助？（共情，提供帮助和支持）

小王：老师，你能否指导我完成培训任务呢？

培训师：你希望我提供怎样的指导呢？（具体解决方式）

小王：我希望每天培训前或培训后来你办公室完成我最不爱完成的培训任务，否则我回家后肯定不会好好完成的。

培训师：好的，我们可以先试着这样做，然后找机会商讨在家自我控制的方法，只要你肯采取行动，一定会有所改变！

第三节 培训师与关键他者沟通的策略和方法

在社会培训中,对于青少年学习者来说,培训师不可避免地要与关键他者(包括家长和其他培训师)进行沟通。关键他者希望学习者有优异的表现,培训师也希望学习者在自己的努力下茁壮成长,培训师与关键他者是教育同盟的关系。培训师要与关键他者建立良好的沟通关系,掌握如下策略和方法。

一、与家长沟通的策略和方法

(一) 树立正确的沟通理念

第一,培训师应该在沟通中发挥导向作用。引导家长配合教育教学过程是培训师的责任之一。培训师既要关注学习者学习能力的提升,还要关注家长的学习和成长,找到家庭的"最近发展区"。第二,培训师应该认识到与家长进行系统的沟通有助于提高解决问题的效率。解决学习者的问题,单靠培训师个人的力量是不够的。父母是孩子最早的老师,时时刻刻对孩子产生潜移默化的影响。因此,培训师与家长进行系统的沟通能够提高解决问题的效率。第三,培训师应该树立正确的学生观。学习者是成长中的人,学习者出现问题不是偶然,而是必然,出现问题并不可怕,可怕的是不知道如何解决问题。培训师需要树立正确的沟通理念,永不放弃。

(二) 站在家长的立场思考

第一,每位家长都对自己的孩子寄予厚望,他们希望培训师给予孩子关心与帮助。培训师要站在家长的立场,考虑家长的感受,然后进行正确、科学的引导。第二,随着家长文化素质和教育水平的提高,他们的某些见解也是值得培训师借鉴的。第三,虽然培训师与家长有着共同的教育目标,但两者的教育方法和思维方式、看问题的角度等有所不同,产生隔阂或误会实属正常。培训师不仅要尊重家长的态度和愿望,还要掌握科学、有效的沟通方法,才能与家长形成和谐的合作关系,为开展培训教学工作营造良好的氛围。

(三)多些赞美,少些抱怨

赞美的作用远远大于批评指责。培训师在与家长沟通时,如果多赞美家长,就能激发家长的责任感,使家长积极配合自己,从而形成强大的教育合力。俗话说,"金无足赤,人无完人",再好的学习者也有不足之处,再差的学习者也有闪光点。培训师对学习者的评价不能以偏概全,也不能以点概面。经常听到对自己孩子负面评价的家长,可能会失去教育信心,觉得孩子一无是处,进而破罐子破摔。尤其是脾气暴躁型的家长,他们听到培训师的抱怨后,往往会唠叨、打骂孩子,使问题恶化。培训师在与家长沟通时,应该简要介绍情况、客观反映问题,尽可能多地谈及孩子的优点、优势、潜能,引导家长正确认识问题,与家长共同寻找问题产生的原因并商定对策。

(四)针对不同的家长,采用不同的交流方式

知识型的家长比较理智,一般比较注重对孩子的教育,也有比较好的方式和方法。与他们沟通时,可以如实反映情况,他们大多会配合培训师的工作。溺爱型的家长对孩子的要求比较低,不喜欢听别人说自己的孩子有什么缺点。与他们沟通时,要采用先扬后抑法,即先肯定孩子的长处再指出不足之处。这就需要培训师以爱孩子的心理,充分挖掘孩子身上的闪光点,对其好的一面给予肯定。脾气暴躁型的家长一般都有恨铁不成钢的心理,他们爱孩子,但却不知道怎么教育孩子。孩子一旦出现错误,他们往往会拳打脚踢,这样的方式不仅不能解决问题,反而会使问题恶化。家长的暴力并不能使孩子认识到错在哪里、应该如何改正,有时还会增加师生间的隔阂,使问题更加严重。这就需要培训师努力想办法安抚他们的情绪,采用和风细雨式的交谈方式,婉转地表明孩子在哪些方面需要改进以及家长需要做哪些配合的工作。

以下分享三个案例。

案例：家长不愿意与培训师沟通，应该怎么办

培训师：您好，我之前多次联系您，希望能了解孩子的假期生活情况，请收到信息后及时与我联系，谢谢。

家长：好的，谢谢您，孩子一切正常。他不希望老师过多关心他的生活情况。请您不要过多联系，家里的问题，我们自己可以解决。

培训师：知道孩子在假期中一切正常，真是太好了。这个年龄段的孩子容易在时间管理、情绪调节、亲子关系处理等方面出现问题，孩子一切正常，一定与您良好的家庭教育有关。请放心，老师不会过多地打扰孩子与家长。如果孩子出现了一些困惑与烦恼，也很欢迎孩子与老师交流，老师愿意为孩子出谋划策，帮助孩子解决问题。感谢您对我工作的长期支持！

案例解析：

家长不愿意与培训师密切接触，可能出于以下几种原因：一是以往不愉快的沟通经历引发反感；二是生活压力大，没有多余精力与培训师沟通；三是对培训师不熟悉；四是认为培训师不能给予孩子有效的帮助；五是担心过多的沟通会给孩子带来负面影响。针对这些情况，培训师应该在共情的基础上，尊重家长与孩子的需求，让家长从非自愿沟通转变为不抵触沟通，并最终产生沟通意愿。

1. 正向解读孩子或家长的不交流意愿，打破沟通屏障。培训师需要发现家长只言片语中的积极信息，进行充分的正向解读，给予家长良性反馈。

2. 分析某个年龄段孩子的常见问题，帮助家长自我诊断，激发家长的沟通需求。对于拒绝深入沟通的家长，切忌针对孩子进行具体分析。如果家长对孩子发展状况存在担忧，就会产生进一步沟通的意愿，化被动为主动。

3. 明确培训师的身份与工作预期，强调不打扰与尊重的原则。培训师需要明确自己的职责，对于较敏感的家庭，可以说明工作预期并明确地表达不打扰与尊重的原则，赢得家长的理解与支持。

案例：家长向培训师反映培训机构管理方式不当，应该怎么办

家长：我对你们培训机构的管理方式很不满。

培训师:家长,感谢您对培训机构工作的反馈与监督。请您具体说说发生了什么。

家长:就是……(事情经过略)

培训师:(适当重复)我已经大概知道了事情经过,您看是不是这样……(简述事情经过,与家长核对事实)。您先别着急,事情总有解决的办法。明天我就去培训机构进一步了解与协商,您放心吧!

案例解析:

部分家长可能并不了解培训机构管理工作的反馈途径,会把相关问题抛给培训师。培训师需要平复家长的焦虑情绪,初步了解家长的诉求,采用恰当的问题解决方式,并适时地表现出专业性与胜任力。

1. 恪守"首问责任"原则,不侥幸、不推脱、有预判。无论家长的问题是否超出自己的责任或能力范围,培训师都要认真倾听,积极回应。

2. 认真倾听,梳理清楚问题,过滤非理性信息。培训师要认真倾听,帮助家长梳理清楚问题,可以通过重复等方式,过滤非理性信息,聚焦家长反馈的核心问题。

3. 积极回应,体现专业,赢得信任。当遇到家长不信任培训机构的情况时,培训师要换位思考,理解家长质疑背后的担心。培训师可以加强与家长的日常接触沟通,运用真诚的表达、专业的指导方法来打消家长的顾虑。

案例:家长不分场合频繁找培训师沟通,应该怎么办

家长:孩子今天在培训中的表现怎么样? 孩子一回来就去完成培训任务了,也不跟我说话。

培训师:我今天细心观察了他,也向其他培训师了解了情况,没有发现他有异常的表现。而且今天他在培训中表现较好,积极回答问题,下课和同学聊天聊得很开心。可能今天的培训任务比较多,他想完成后再和您聊天吧!

家长:这样我就放心多了,我最近总担心他还在生气,所以有点疑神疑鬼,谢谢老师细心观察他。

案例解析:

家长主动找培训师沟通,通常情况下是希望与培训师建立良好的关系。但

如果家长多次找培训师沟通,并超出了培训师能承受的频率,培训师就需要深入分析背后的原因,重新调整与家长的沟通关系。

1. 接纳并深入了解家长频繁沟通背后的真实需求。培训师要看到家长频繁沟通行为积极的一面,即家长信任培训师。但频繁找培训师沟通的家长通常有深层的焦虑情绪,培训师要多关注孩子的细节,并用客观的语言描述出来,让家长感受到培训师对孩子的用心,这样才会取得更好的沟通效果。

2. 明确与家长的沟通边界。当培训师感受到来自家长的过多的沟通时,应该告知家长过度沟通会让孩子丧失独立成长的机会,同时,与家长商议在非严重、紧急状态下双方都能接受的沟通频次和时间,明确沟通边界,促成有效沟通。

3. 尝试调整自身的角色定位。当感受到家长与自己有过多的沟通时,培训师可以尝试站在服务者的角度进行积极的心态调整,努力帮助家长解决问题。

二、与其他培训师沟通的策略和方法

(一)重视人际交往中的心理学效应

1. 首因效应

首因效应是指人们初次接触时对交往对象的直觉观察和归因判断,在这种交往情境下,对他人所形成的印象就称为第一印象或最初印象。首因效应对人的印象的形成有着决定性的作用。初次见面,人们往往会根据对方的表情、体态、仪表、服装、谈吐、礼节等形成对对方的第一印象。为了给他人留下良好的第一印象,培训师首先应该注意仪容仪表,衣服要整洁,服饰搭配要和谐得体;其次应该注意自己的言谈举止,锻炼和提高自己的交谈技巧,掌握适当的社交礼仪。

2. 近因效应

近因效应是指在多种刺激依次出现的时候,印象的形成主要取决于后来出现的刺激,即在交往过程中,我们对他人最近、最新的认识占据主体地位,掩盖了以往形成的对他人的评价,因此,近因效应又称"新颖效应"。在与其他培训师沟通过程中,培训师要充分利用近因效应,搁置曾经的矛盾或不愉快,用包容的态度坦然面对一切,展现自己友善的一面。

3. 刻板效应

人们在认识和判断他人时,并不是把他人作为孤立的对象来认识的,而是把他人看作某一类人中的一员,使得他人既有个性又有共性。当人们把他人笼统地划为固定、概括的类型来加以认识时,刻板印象就形成了。如人们为教师塑造了"蜡烛""蜜蜂"等平凡而伟大的形象,既表达了对教师的高期望,又形成了对教师的刻板印象。这忽视了教师的社会性,教师首先扮演的是社会人的角色,其次扮演的才是教师的角色,教师也有对物质生活的需求,更有维护私利的一面。所以,在与其他培训师沟通过程中,培训师要尽量避免刻板印象的干扰,从实际情况出发,发现其他培训师的特点和可取之处。[①]

4. 晕轮效应

美国心理学家戴恩·伯恩斯坦做过一项实验,给参与实验的人一些人物照片,这些照片被分为有魅力、无魅力和一般魅力三种,让参与者评定几项与外表无关的特征,如婚姻、职业状况。结果,几乎在所有特征上,有魅力的人都得到了最高的评价,仅仅因为长得漂亮,就被认为具有所有积极的品质。这就是晕轮效应。与其他培训师沟通时,培训师应该避免受晕轮效应影响,在评价他人时,切忌出现"以偏概全""爱屋及乌"的错误。有时,培训师可以利用晕轮效应增加自身的吸引力。

5. 心理定式效应

心理定式是指人们在认知活动中用老眼光——已有的知识和经验来看待当前问题的一种心理反应倾向,也叫思维定式或心向。在与其他培训师沟通过程中,定式效应表现为人们用一种固化的人物形象去认知他人。心理定式效应常常会导致偏见和成见,阻碍我们正确地认识他人。所以,我们不能一味地用老眼光来看人处事。

6. 投射效应

心理学上把以己度人称为投射效应,即在人际认知过程中,人们常常假设他

---

① 刘晓佳,罗伟,毛雪松.教师职业素养与发展规划——教师的沟通素养[M].长春:吉林文史出版社,2012.

人与自己具有相同的属性、爱好或倾向等,常常认为他人理所当然地知道自己的想法。当他人的行为与自己的行为不同时,我们习惯用自己的标准去衡量他人的行为,认为他人的行为违反常规等。为了避免受投射效应的影响,在与其他培训师沟通过程中,培训师应该正确地认识自己和他人,做到严于律己,客观待人,尽量避免用自己的标准去判断他人。

（二）学会倾听与表达

高效的沟通是以倾听为前提的。培训师学会了倾听,就能给彼此一个深入了解的机会,有助于建立和谐的人际交往关系。培训师与其他培训师属于同事关系,双方要秉承着平等、目标一致的原则开展交往。培训师可以通过口头语言和肢体语言表达对他人的关怀、尊重和同情,缩短彼此的心理距离。学会阐述自己的意图也很重要,善于表达的人总会在考虑周围环境、时间等因素的前提下权衡事件的轻重缓急,以保证在规定的时间内表达清楚,让他人能够听得明白,同时给他人留有思考、交流的时间。培训师每说完一段话或讲完一件事情后,都应该试着询问一下对方是否明白,或者进行简单的停顿,便于对方思考,确保自己的想法得到正确传递。

（三）采用技巧性的婉转沟通方法

所谓婉言,即从善意出发,对不同观点的人和事物进行平和而不产生刺激效果的评述。沟通中所有的非原则性问题,都可以用婉言表达。在与其他培训师沟通过程中,培训师可以采用的婉转沟通方法包括以下几种。一是回避焦点法。当要回答好与坏时,培训师可以避开正面回答,从侧面婉转说出自己的意见。二是褒贬倒置法,即把批评性的话以表扬长处的形式表达出来。三是模糊主见法。对于非原则性问题,当自己的意见与他人不同时,培训师可以一带而过。四是扬长避短法。闲谈时,对周围的人宜褒扬莫贬低。五是求同存异法。在沟通过程中,有歧义是难免的,人群中有不同的论调,才有助于整体的提高。此时,多找共同点,以求多些共鸣才是明智的选择,也可以适当保留自己的不同意见,使人际关系既亲切又有发展的余地。六是转换生成法。如果彼此的观点、意见明显不同,则应该设身处地地理解、谅解对方,由事实负效应转变为婉言正效应。七是自我批评法。高姿态,先自我批评,进而达到相互谅解。八是婉言期待法。对方的现状也许不能令人满意,但培训师可以婉言说出自己的向往与期待,鼓励对方付诸行动,争取达到理想境界。培训师可以使用以下话术,"我认为这样做会更好一些""虽然我们取得了很好的成绩,但如果接下来的时间里,我们……一定会有更大的进步"。

　　沟通无处不在,沟通技巧同样无处不在,培训师在使用沟通技巧时要因人而异,因事而异,因环境而异。在进行沟通前,培训师需要对沟通的环节、内容以及对象有一定的了解,采取合适的方式进行沟通,这样才可以避免各种不必要的沟通障碍。

　　【互动2】

　　1. 学完本章内容后,请谈一谈良好的师生关系的特征,说出与学习者进行良好沟通的原则、策略与方法。

　　2. 请对照培训师的沟通素养,反思自身,谈一谈您作为培训师的优势以及可以如何进一步提升沟通素养。

第四章

信 息 素 养

人工智能、大数据、区块链等技术迅猛发展，日益改变着人才需求和教育形态。智能环境不仅改变了教与学的方式，还深刻影响了教育的理念、文化和生态。社会培训行业也不例外。

培训师需要主动应对教育数字化转型的挑战，不断提升自身的信息素养，开展信息技术支持的培训教学创新，更好地支持学习者的个性化学习。本章聚焦培训师的信息素养，旨在提升培训师借助信息技术改进培训教学的能力。

【互动1】

1. 在教育数字化转型中,你遇到了哪些挑战? (多选)请在相应的选项前打"√"。

A. 在线教学效果与线下教学效果不同。

B. 在网络环境下,同步的交流互动受到网络、设备的约束或限制,交互性不强,效果不佳。

C. 选择和使用什么样的技术远比掌握某项先进的技术更有挑战。

D. 在技术强化的学习环境中,很难判断培训师和学习者是否完全参与。

E. 将学习资源进行数字转化后,培训师和学习者查看、使用、下载、共享学习资源的成本越来越低,但筛选信息的成本越来越高。

F. 很难应用多种技术开展教学。

G. 通过有效的技术应用,学习者的学习效率更高,但知识的重构与更新速度也加快了。

H. 网络课程使培训师面临职场生存危机。

I. 其他:＿＿＿＿＿＿＿＿＿＿＿＿＿＿＿

2. 在培训中,你遇到了哪些无法解决的技术难题? (多选)请在相应的选项前打"√"。

A. 如何运用信息技术进行学情分析。

B. 如何运用信息技术广泛获取资料。

C. 如何进行课件制作。

D. 如何开展网络教学。

E. 如何巩固学习成果。

F. 如何进行学习成果的展示与交流。

G. 如何评价学习成果的数字化技术应用。

H. 其他:＿＿＿＿＿＿＿＿＿＿＿＿＿＿＿

人工智能、大数据、区块链等技术迅猛发展,日益改变着社会对人才的需求和教育形态。智能环境不仅改变了教与学的方式,还深刻影响着教育的理念、文化和生态。2018年,教育部印发《教育信息化2.0行动计划》,对新时期我国教育信息化建设提出了新要求,更加重视师生的"数字胜任力"和"媒体与信息素养"以及民众的"终身学习力"。2019年,教育部发布的《关于实施全国中小学教师信息技术应用能力提升工程2.0的意见》提出,信息技术应用能力是新时代高素质教师的核心素养。[①] 培训师应该具备良好的信息素养,主动适应信息化、人工智能等技术变革,积极有效地开展培训教学,应用信息技术解决个人工作、生活中的问题。社会培训机构应该努力为信息化条件下的差异化教学、学习者的个性化学习提供支持,做到精细化管理、智能化服务,大力推进智能教育,开展以学习者为中心的智能化教学支持环境建设,推动人工智能在教学、管理等方面的全流程应用,利用智能技术加快推动培养模式、培训教学方法改革,探索泛在、灵活、智能的教育教学新环境与应用模式。

第一节　培训师信息素养的构成

当今社会的信息化程度越来越高,计算机及网络技术的发展极大地加快了现代信息技术普及的步伐。快速发展的信息技术改变了人们的交流、学习、生活方式。终身学习和与时俱进是时代发展对每个人的必然要求,而信息采集、处理、运用是人们终身学习的必备能力。随着信息技术的不断发展,培养和提升培训师的信息素养显得越来越重要。因此,培训师应该跟上时代的步伐,提高自身

---

① 中华人民共和国教育部.教育部关于实施全国中小学教师信息技术应用能力提升工程2.0的意见[EB/OL].(2019-03-21)[2023-10-19].http://www.moe.gov.cn/srcsite/A10/s7034/201904/t20190402_376493.html.

的信息素养,从而创新培训教学方法,提高培训教学效率。

一、信息素养的内涵

信息素养的本质是全球信息化需要人们具备的一种基本能力。"信息素养"这一概念由美国信息产业协会主席保罗·泽考斯基在 1974 年提出。1989 年,美国图书协会对其进行了具体阐释,即具有信息素养的人能够判断何时需要信息,并懂得如何去获取、评价和有效利用所需要的信息。进入 20 世纪 90 年代,随着网络技术的发展和以知识经济为主的信息时代的到来,人们对信息素养的内涵又有了新的解读。布拉格会议把信息素养定义为一种能力,这种能力能帮助人们确定、查找、评估、组织和有效地生产、使用、交流信息,从而解决问题。[①]

目前,学术界对信息素养还未达成一致性的认识,虽然不同机构与学者探究信息素养的视角有所不同,但都紧密围绕着信息获取和利用的过程展开。归纳起来,公民的信息素养包括九方面,即明确信息需求、使用信息工具、搜索与获取信息、对信息进行价值判断、分析与利用信息、解决实际问题、交流与传播信息、创造性地生成信息、遵守信息伦理道德。这九方面可以归纳为信息意识、信息知识、信息能力、信息伦理道德四部分。概括起来,信息素养有五大特征:一是捕捉信息的敏锐性;二是筛选信息的果断性;三是评估信息的准确性;四是交流信息的目的性;五是应用信息的独创性。

进入 21 世纪,随着数字媒体与人工智能等技术的发展,又出现了"数字素养"的概念,信息素养逐渐演变、扩展为数字素养,欧盟数字素养框架中明确体现出这一点。欧盟数字素养框架提出了五个素养域。一是信息域,即浏览、检索、过滤、存储、组织和分析数字信息,判断信息相关性,有效地组织信息和技术。二是交流域,即通过数字化手段共享资源,与他人进行交流合作;参与网络社区互动,在数字环境中提升自我的能力;能够管理自己的多个数字身份,管理个人数据。三是内容创建域,即从文字处理到图形图像、视频等多种媒体的创建与编辑,使内容表达富有创造性;重新整合先前的资源,创建新的知识和内容。四是

安全意识域,即有个人设备防护、数字身份数据保护的意识;防止数字虚拟环境或技术带来的风险。五是问题解决域,即通过数字化手段解决问题,创新性地使用技术,并能够解决技术问题;确定自己对数字信息的需求,根据需要选择合适的数字工具。在这五个素养域中,信息素养在信息域中得到了充分的体现,其他的四个素养域中也或多或少有与信息素养相关的内容。所以,数字素养包含信息素养,两者在不同时期都反映了时代的要求。

优秀的培训师具有优化的知识结构、精深的专业知识和实践技能、较高的教学能力、新颖的培训理念、较强的科研能力、较好的学习能力等职业能力。在信息素养方面,培训师不仅要具备一定的信息意识、信息知识、信息能力、信息伦理道德,还要具备体现培训师工作特性与满足自身专业发展需要的信息素养,包括实现信息技术与培训教学有机融合的能力、促进自身专业发展并帮助学习者提升信息素养的能力、示范与传递的能力等。培训师的信息素养是指培训师实现培训教学目标与个人专业成长所应具备的信息意识、信息知识、信息能力以及把信息社会责任内化而形成的稳定的心理品质。信息素养是信息时代培训师的基本素养。

二、信息素养的构成

信息素养是一个多层次、多维度的综合概念,包括信息意识、信息能力、信息创造、信息伦理、信息评价等多个方面;从层次上可以分为技术层面、知识层面、意识层面;从结构上可以分为信息能力、信息知识、信息情感态度和价值观。[①] 信息素养对培训师培训教学工作有着重要的意义,培训师信息素养的构成如下。

(一) 信息意识

信息意识是指个体对信息的敏感度和对信息价值的判断力。信息意识是培训师获取信息的前提,培训师在工作与生活中应该具有信息意识,信息意识决定了培训师捕捉、判断和利用信息的主动程度。信息意识包含信息安全意识,随着信息技术和社会的整体发展,信息安全意识被赋予了新的含义。培训师的信息安全意识主要是指培训师主观上对客观事物的能动反应。信息安全意识一方面是指

---

① 唐丽.教育信息化背景下高职教师信息素养的内涵及实现路径[J].继续教育研究,2022(5).

个体对外来风险的一种认知、评价和结果判断;另一方面是指他人的认知、评价和结果判断影响到了个体的行为,从而使个体有了相应的改变。可以认为,信息安全意识就是个体在从事相关的信息化工作时,在自己头脑中所建立起来的对信息本身以及周围所存在的信息和环境造成损害的一种戒备的心理和状态。

（二）信息知识

信息知识不仅包括信息的定义和本质、信息运动的规律、个体与信息之间的关系等基础知识,还包括信息技术的一些常识、计算机原理以及基本的技能知识、信息检索知识、图书分类管理知识、信息教学软件应用知识等。信息知识是整个信息素养的基石,是指个体在使用信息化技术手段的过程中进行信息传播以及增强信息交流频率所产生的认识和经验的积累。

（三）信息能力

信息能力主要包括四方面的能力。一是信息工具使用能力,即培训师能够随时使用专用计算机、各种信息工具、网络传播工具、信息技术设施齐备的教室等来提高教学效果。二是提取信息的能力,即培训师需要明确了解自己所需要的信息,能够通过多种途径获得这些信息,并且从大量复杂的信息中筛选出自己需要的内容进行加工改造。三是处理信息的能力,即面对网络上复杂多变的信息,培训师需要根据实际的问题,对所获得的信息进行整理、分析、研究,在此基础上进行归纳和总结。四是生成表达信息的能力,即培训师归纳整理自己所收集到的信息后,综合自己多年的教学经验以及对相关知识的思考,运用多媒体的方式把相关知识展现出来,利用信息技术、媒介或者工具,及时与学习者进行讨论,与同伴进行交流探讨,推进课堂教学。[①]

（四）信息伦理道德

信息伦理道德是指个体在信息采集、使用、传播、评价等一系列信息活动中应该遵循的道德规范和道德行为。培训师的信息伦理道德具体表现为:(1)培训师应该以符合社会道德规范的方式实现对信息的检索与获取、理解与评估、使用、创造与分享,以便更有效地从事个性化、专业化和社会化的活动;(2)培训

[①]　葛文君.高等教育改革探索与实践[M].哈尔滨:黑龙江人民出版社,2007.

应该能够准确认识和评价信息,明确信息的对与错、真与伪,能分辨信息中的负面与正面道德要素,并对信息内容进行批判性的思考;(3)培训师必须从正规渠道获取信息,自觉维护网络秩序和安全,不从事非法活动等。

有学者提出,培训师的信息素养由五大要素组成,即信息化教学能力、信息化应用能力、信息化发展能力、信息化交流能力、信息道德教育能力。信息化教学能力主要影响培训师课前准备、课堂教学、教学评价的工作水平。信息化应用能力主要包括培训师对信息化行业动态信息的获取能力、对信息工具的应用能力、应用信息技术开展教学活动后对结果进行评价的能力。信息化发展能力是指培训师在提高自身综合素质的同时,还应该注重提升自身的信息化发展能力,这样才能更好地适应时代发展,达到自我突破、自我提升的目的。信息化交流能力是指培训师在工作中应该注重加强与学习者、家长、同事的沟通和交流,利用信息技术及时掌握行业发展动态,了解学习者的学习状况,借鉴同事的优秀教学经验。[1] 信息道德教育能力是指培训师应该针对网络环境中存在的问题,辨别相关信息资源,遵守职业道德规范,引导学习者明辨是非。

有学者借鉴《教师信息与通信技术能力框架》(2011 版)中的六个维度(即理解教育中的信息与通信技术、课程与评价、教学方法、信息与通信技术、组织与管理、教师专业学习),并综合考虑教师信息素养发展的三个阶段(即技术素养阶段、知识深化阶段、知识创造阶段),整理了教师信息素养内容框架(见表 4-1)。这对培训师理解与提高自身信息素养也有重要启示。

表 4-1 教师信息素养内容框架

分析维度＼阶段＼具体内容	技术素养阶段	知识深化阶段	知识创造阶段
理解教育中的信息与通信技术	具备初步的信息意识	理解信息需求与政策	参与政策决策和实施
课程与评价	进行教学与评价	创新教学与评价方式	解决复杂的问题
教学方法	进行技术整合	制作教学辅助资源	帮助学生进行自我管理

---

① 唐丽.教育信息化背景下高职教师信息素养的内涵及实现路径[J].继续教育研究,2022(5).

（续表）

阶段 具体内容 分析维度	技术素养阶段	知识深化阶段	知识创造阶段
信息与通信技术	信息与通信技术工具的基本使用	信息与通信技术工具的熟练应用	随时随地使用信息与通信技术工具进行学习
组织与管理	进行整体与个别教学	引导学习者以小组为单位开展活动	创建学习型组织
教师专业学习	具备基本的信息素养	给予同事、学习者指导	成为榜样

三、信息素养的提升途径

（一）加强培训

在培训师进入社会培训行业后,培训机构会为其提供入职培训与持续的在职培训。在传统的培训内容之外,培训机构要更加重视培训师信息素养方面的培训。例如,在入职培训中,组织培训师学习信息素养方面的知识,提高培训师的信息素养理论水平;在教研活动中,通过观摩示范课、研讨会等让培训师了解把信息技术融入培训教学的做法、优点,激发培训师利用信息技术进行培训教学的积极性和热情。培训师只有真正从观念上拥抱信息技术并具有丰富的信息素养理论知识,才能把信息技术有机融入自己的培训教学。此外,培训机构要紧跟信息技术发展步伐,了解信息化社会发展的趋势和要求,结合培训师信息素养现状,不断更新与拓展培训师信息素养培训内容,逐层逐级设置培训目标,动态且持续地提高培训师的信息素养。[1]

（二）重视实践

多媒体、互联网等信息技术的广泛应用,让培训师能够丰富培训教学情境,全方位地展现自身的教学内容,让学习者主动了解所学内容,并正确接收培训师所传输的内容。随着信息技术的飞速发展,各种信息化工具不断出现,培训师要不断尝试,勇于实践,把各种与信息化有关的新事物有效运用到培训教学

---

① 于杨,赫明侠.新信息技术环境下高校教师信息素养的内涵要素及其提升路径[J].情报科学,2021(12).

中。[1] 例如,进行培训教学设计时,培训师应该有意识地将信息技术融入学情分析、教学内容设计、教学反思、教学评价等环节,不断强化信息认同。培训师应该借助信息技术引导学习者进行线上交互和学习交流,成为学习者在线学习的引导者;着力开展线上线下融合的网络化泛在学习,构建虚拟和现实相结合的学习环境;利用网络在线教学平台,推动优质线上培训教学;利用数据分析技术全过程地记录、分析、评价学习者的学习行为、过程与效果,成为学习者个性化学习的辅助者。在教学反思上,培训师要善于利用信息技术工具和大数据分析手段记录、监控自己的培训教学活动,及时调整和改进教学。

（三）自主研修

培训师平时培训教学工作比较辛苦,精力有限,这就更需要培训师提高认识,自主创造条件,在业余时间不断学习信息素养方面的理论知识,提高信息技术运用能力。培训师应该主动学习信息技术及相关的教育教学理论,熟悉这些理论对当今社会各个层面的影响和作用。培训师应该主动加强对信息技术赋能教育教学理论、工具、经验等的学习。在信息技术和教育教学融合的尝试中会不断出现问题,培训师必须勤于反思,不断探寻信息技术与培训课程融合的切入点和方法,提升信息技术与教育教学融合的层次。

第二节　培训师的信息化教学能力

本节重点关注培训师信息素养中的信息化教学能力。信息化教学能力属于信息技术应用能力的范畴,它聚焦课堂与教学,是实现信息技术与教育教学深度融合的关键。在本节中,培训师的信息化教学能力主要是指培训师应用信息技

---

[1]　陆云起.智慧型教师信息化素养的探讨[J].常州工学院学报(社会科学版),2016(3).

术进行学情分析、教学设计、学法指导、学业评价等的能力。培训师应该主动提升信息化教学能力,更好地破解教育教学重难点问题,满足学习者个性化发展需求,助力培训教学创新。

《全国中小学教师信息技术应用能力提升工程 2.0 校本应用考核指南》中提出了中小学教师信息化教育教学能力发展框架(见表 4 - 2),分别对多媒体教学环境、混合学习环境、智慧学习环境中教师的信息化教学能力进行了界定,其中,多媒体教学环境中的教师信息化教学能力包括 13 项内容,用 A1—A13 表示;混合学习环境中的教师信息化教学能力包括 10 项内容,用 B1—B10 表示;智慧学习环境中的教师信息化教学能力包括 7 项内容,用 C1—C7 表示。虽然该能力发展框架分了三类信息技术环境进行能力点的呈现,但三者之间是递进和包含的关系,即混合学习环境中的能力点是对多媒体教学环境中的能力点的延伸,智慧学习环境中的能力点是更高阶的要求。[①] 这对提升培训师的信息技术应用能力具有很强的指导意义。

表 4 - 2 中小学教师信息化教育教学能力发展框架

维度	信息技术应用环境		
	多媒体教学环境	混合学习环境	智慧学习环境
学情分析	A1 技术支持的学情分析	B1 技术支持的测验与练习	/
教学设计	A2 数字教育资源获取与评价 A3 演示文稿设计与制作 A4 数字教育资源管理	B2 微课程设计与制作 B3 探究型学习活动设计	C1 跨学科学习活动设计 C2 创造真实学习情境
学法指导	A5 技术支持的课堂导入 A6 技术支持的课堂讲授 A7 技术支持的总结提升 A8 技术支持的方法指导 A9 学生信息道德培养 A10 学生信息安全意识培养	B4 技术支持的发现与解决问题 B5 学习小组组织与管理 B6 技术支持的展示交流 B7 家校交流与合作 B8 公平管理技术资源	C3 创新解决问题的方法 C4 支持学生创造性学习与表达 C5 基于数据的个别化指导

（续表）

维度	信息技术应用环境		
	多媒体教学环境	混合学习环境	智慧学习环境
学业评价	A11 评价量规设计与应用 A12 评价数据的伴随性采集 A13 数据可视化呈现与解读	B9 自评与互评活动的组织 B10 档案袋评价	C6 应用数据分析模型 C7 创建数据分析微模型

每个能力点的具体描述见表 4-3。

表 4-3　中小学教师信息技术应用能力发展测评微能力描述

编号	维度	微能力	能力描述	所属环境
A1	学情分析	技术支持的学情分析	合理利用信息技术手段辅助分析学情,扩大学情分析范围,丰富学情分析形式,提升学情分析效率	多媒体教学环境
A2	教学设计	数字教育资源获取与评价	掌握数字教育资源的获取与评价方法,从而丰富教育资源的媒体形式,能够根据教学主题判断资源的适用性,保证数字教育资源的科学性和时效性	多媒体教学环境
A3	教学设计	演示文稿设计与制作	根据教育教学需要设计与制作演示文稿,通过可视化方式有逻辑地呈现内容结构,说明课堂教学流程,呈现关键知识信息,整合多种媒体素材,丰富师生互动的形式	多媒体教学环境
A4	教学设计	数字教育资源管理	掌握数字教育资源管理的工具和方法,整合多种信息资源,有序管理数字教育资源,提高资源管理效率和使用效率	多媒体教学环境
A5	学法指导	技术支持的课堂导入	合理利用信息技术手段设计并实施课堂教学的导入环节,目的明确清晰,阐释充分,契合教学主题和学习需要,激发学生的学习动机,引出讲课内容,为课堂教学奠定基础	多媒体教学环境

（续表）

编号	维度	微能力	能力描述	所属环境
A6	学法指导	技术支持的课堂讲授	借助合适的信息技术手段设计与优化讲解、启发、示范、指导、评价等课堂讲授活动，帮助学生理解学习内容中的重点和难点，引导学生进行知识建构，引发学生的高阶思维活动	多媒体教学环境
A7	学法指导	技术支持的总结提升	合理应用信息技术资源或工具开展课堂总结与提升活动，帮助学生深化对内容的理解，巩固所学知识	多媒体教学环境
A8	学法指导	技术支持的方法指导	应用信息技术手段或资源对学生的学法进行指导，准确示范，及时反馈，丰富练习情境，帮助学生有效理解和掌握具体方法，提高学习成效	多媒体教学环境
A9	学法指导	学生信息道德培养	注重对学生信息道德意识和行为的培养，在教育教学中潜移默化地培养学生的信息道德	多媒体教学环境
A10	学法指导	学生信息安全意识培养	注重对学生信息安全意识和行为的培养，在教育教学中潜移默化地培养学生的信息安全意识	多媒体教学环境
A11	学业评价	评价量规设计与应用	在教学中设计并应用评价量规，具体描述每个指标每个级别的要求，清晰、准确地引导学生学习	多媒体教学环境
A12	学业评价	评价数据的伴随性采集	利用技术工具实时、全面地采集学生学习过程信息，及时把握学生的学习情况并实施干预、提供支持，系统评价学生的学习行为和结果	多媒体教学环境
A13	学业评价	数据可视化呈现与解读	借助信息技术工具进行数据的呈现与解读，对数据进行快速整理、分析并呈现结果，利用数据分析结果改进教育教学	多媒体教学环境

（续表）

编号	维度	微能力	能力描述	所属环境
B1	学情分析	技术支持的测验与练习	利用信息技术在课堂中或课堂外开展测验与练习活动，丰富测验与练习活动的形式，提高统计效率与反馈速度，及时获得可视化结果，优化评价方式与评价成效	混合学习环境
B2	教学设计	微课程设计与制作	利用信息技术工具设计与制作微课程，丰富教育教学的内容和形式，支持学生自主学习，满足学生个性化的学习需要	混合学习环境
B3	教学设计	探究型学习活动设计	依据课程标准和学习目标，合理借助信息化手段设计探究型学习活动，提升学生对所学知识、技能的实际运用能力和利用网络资源、技术工具进行学习的能力	混合学习环境
B4	学法指导	技术支持的发现与解决问题	鼓励和帮助学生借助技术来发现与解决问题，创设学习情境，给予学生资源支持和方法指导，引导学生探索解决问题的方法与路径	混合学习环境
B5	学法指导	学习小组组织与管理	借助信息技术进行学习小组的组织与管理，丰富学习小组的产生方式，形成详细的合作学习计划，采取可行的过程监控举措，及时给予学生有效的干预和支持	混合学习环境
B6	学法指导	技术支持的展示交流	利用信息技术手段支持课堂内外的讨论、辩论、成果展示等活动，提高展示交流的效率，丰富交流的形式，促进学生的思维碰撞、经验分享，提高学生的自评和互评能力	混合学习环境
B7	学法指导	家校交流与合作	利用信息技术开展家校交流与合作活动，应用新媒体技术与家长进行良性沟通、有效合作	混合学习环境

（续表）

编号	维度	微能力	能力描述	所属环境
B8	学法指导	公平管理技术资源	保证学生有平等、充分接触和使用技术资源的机会，保证不同技术水平的学生均能顺利使用技术工具开展学习，灵活应对与处理意外状况，确保学生顺利学习	混合学习环境
B9	学业评价	自评与互评活动的组织	在信息化环境中或利用信息技术开展自评和互评活动，自然地在学习过程中嵌入评价工具，建立评价标准与评价规范	混合学习环境
B10	学业评价	档案袋评价	借助信息技术建立学生成长档案袋，丰富学习记录的形式，真实全面地展示学生的学习过程与学习成果，为全面、客观地开展学生综合素质评价提供证据支持	混合学习环境
C1	教学设计	跨学科学习活动设计	借助合适的信息技术聚焦某个主题设计跨学科学习活动，突破学科边界，采用深度学习方式，促进学生核心素养的发展	智慧学习环境
C2	教学设计	创造真实学习情境	利用技术创造真实学习情境，整合多种资源，丰富学生的学习体验，促进学生深层次理解知识和开展有意义的学习	智慧学习环境
C3	学法指导	创新解决问题的方法	利用技术创新解决问题的方法，从多个视角、多种渠道创新学习内容、学习方法和学习评价，引导学生创造性地解决问题	智慧学习环境
C4	学法指导	支持学生创造性地学习与表达	采取合适的信息技术支持学生创造性地学习与表达，拓展学生的学习边界，丰富学生学习结果的表达形式，拓展学生解决问题的思考维度和视野	智慧学习环境

（续表）

编号	维度	微能力	能力描述	所属环境
C5	学法指导	基于数据的个别化指导	利用信息技术采集和分析数据,针对学生的问题、需求、兴趣实施有针对性的、差异化的指导,激发学生的潜能,促进学生的个性化成长	智慧学习环境
C6	学业评价	应用数据分析模型	掌握数据分析模型的应用和评价方法,为改进教育教学、支持教学运行决策提供启发和依据	智慧学习环境
C7	学业评价	创建数据分析微模型	发现并引入真实的教学问题,创建数据分析微模型,运用可视化的形式呈现,直观表达分析结果,揭示隐含在数据中的规律	智慧学习环境

注:(1)学校可以根据自身信息化教学环境(多媒体教学环境、混合学习环境、智慧学习环境),从以上能力点中选择至少两个维度的能力点供教师选学;(2)多媒体教学环境包括简易多媒体教学环境与交互多媒体教学环境等,重点支持教师实施集体教学;(3)混合学习环境包括多媒体计算机网络教室、移动学习环境等,重点支持开展集体学习;(4)智慧学习环境是指有智能教育设备支持的学习环境,能够支持学生实现个性化学习与差异化学习。

一、信息技术支持的学情分析能力

狭义上的学情分析主要是指在教学前对与教学活动直接相关的学习者情况进行研究与分析。广义上的学情分析则涵盖了教学前的学情分析、教学中的学情分析、教学后的学情分析,甚至包括课后的教学反思、作业批改、个别辅导等。[①] 学情分析常用的方法包括问卷调查法、访谈法、资料分析法、观察法等。培训师利用问卷星等智能工具开展调查能够快速、精准地收集、分析相关数据,了解学情,为下一步的培训教学指引方向。培训师还可以采用线上前测的方法,及时、高效地了解学习者的已有知识,进而选择恰当的教学策略。

---

① 何克抗.如何实现信息技术与学科教学的"深度融合"[J].教育研究,2017(10).

二、信息技术支持的教学设计

在信息化时代,培训师要坚持以学为中心,努力实现信息技术与培训教学的融合创新,营造信息化教学环境,采用新型的教与学的方式,变革传统的培训教学结构。实现信息技术与培训教学深度融合(深层次整合)的过程涉及三个环节:一是要深刻认识课堂教学结构变革的具体内容;二是要实施能有效变革课堂教学结构的创新教学模式;三是要开发出相关学科的丰富学习资源,以便作为学习者的认知探究工具、协作交流工具、情感体验与内化工具。

（一）课堂教学结构变革

课堂教学结构是教学系统中培训师、学习者、教学内容、教学媒体四个要素相互联系、相互作用的具体体现。培训师要由课堂教学的主宰者和知识的灌输者,转变为课堂教学的组织者、指导者,转变为学习者自主建构意义的帮助者、促进者,转变为学习者良好道德情操的培育者。学习者要由知识灌输的对象和外部刺激的被动接受者,转变为信息加工的主体、知识意义的主动建构者,转变为情感体验与内化的主体。教学内容要由以教材为中心转变为在以教材为主的同时结合丰富的信息化教学资源。教学媒体要由只是辅助培训师突破重点、难点的形象化教学工具,转变为既能辅助培训师的教学又能促进学习者自主学习的工具,从而成为学习者的认知探究工具、协作交流工具、情感体验与内化工具。[1]

（二）创新教学模式

要想把课堂教学结构变革(即课堂教学系统中四个要素地位、作用的改变)这一目标真正落到实处,培训师需要在培训教学中设计并实施有效的教学模式。近年来受到全球教师欢迎的"翻转课堂",就是这样一种教学模式。事实上,"翻转课堂"同时关注了课堂教学系统中的四个要素,并力求实现这四个要素地位、作用的改变。在国内,大连采用了"逆向课堂"教学模式;山西推广了"颠倒课堂"教学模式;深圳市翠园中学对课程进行改革,提出了基于云技术环境的"习本课堂",强调教与学应服务于"习",并基于"习"来定位教与学;上海在课堂中广泛

---

① 何克抗.如何认识信息技术对教育发展具有的革命性影响[J].中国教师,2015(20).

应用了电子白板技术和电子书包技术,生成了"无边界课堂""智慧课堂""灵动课堂"等。这些教学实践推进了信息技术与教学思想、理念、内容、方法的深度融合,逐步实现了教学内容呈现方式、学习者学习方式、教师教学方式、师生互动方式的变革。在社会培训中,培训师还可以组织学习者利用多屏显示系统和智能交互系统展示小组学习成果,给学习者创造更多展示自我、与他人进行互动交流的机会,加深学习者对知识的理解和掌握。培训师要及时设计有效的教学策略进行干预和指导,促使更多学习者主动参与到汇报展示、交流学习活动中。例如,班级内不同学习者参与汇报展示活动的主动性存在明显差异,培训师要注意是否出现了小组汇报人固定的情况,培训师可以建立相应的学习规则和奖励机制,要求每次合作学习活动中每位学习者所扮演的角色要有所变化,并给予主动代表小组进行学习成果汇报展示的学习者更高的加分奖励等。这些学习规则和奖励机制能够有效激励更多学习者主动参与汇报展示、交流学习活动,给更多学习者创造展示自我的机会,增强学习者的学习信心,提高学习者的语言表达能力。[1]

近年来,随着技术的发展,线上教学被广泛采用,培训师的教学形式根据教学内容的特点也趋于多样化,如借助相关软件创设虚拟环境等开展教学。为了满足不同学习者的需求,培训师网络平台的搭建也各有其相应的特征。例如,有的培训师运用"钉钉"开设课堂,录屏直播讲授课堂内容,并随时采用语音、文字、图片等便捷的互动方式进行教学;有的培训师采用现场直播或视频会议的方式与家长进行沟通,把语音、图片、文字等融入会议,增强了网络教学的互动性、便捷性;有的培训师建立微信群、QQ群与学习者进行互动交流。

(三)丰富学习资源

培训师要开发出相关学科丰富的学习资源,以便作为学习者的认知探究工具、协作交流工具、情感体验与内化工具。例如,培训师可以录制微课,帮助学习者进行个性化的课后巩固。培训师分层或单独将微课推送给不同的学习者,极大地突破了培训教学中时间与空间的限制。在课后,培训师依据数据分析结果,可以直观地了解学习者知识与技能的掌握情况,针对学习者掌握较为薄弱的地

---

① 蒋日华.互联网时代网络教学模式的探讨[J].中国信息技术教育,2021(19).

方,录制相应的微课,推送给学习者,便于其利用碎片时间学习。对于培训师来说,微课的重要作用是能够精准对症,而非面面俱到。另外,微课不仅仅是课堂教学内容的延伸,培训师还可以利用云教育平台,在平台上发起线上讨论,对学习者的思路进行扩展,激发学习者的学习兴趣,满足学习者多元化的发展需求。

三、信息技术支持的学习指导

培训师要利用信息技术的人机交互、演示和模拟等功能,对学习者进行个别化辅导。针对不同知识层次的学习者的学习需求,培训师可以利用信息技术的优势,推送适切的学习资源,促进学习者自主学习。培训师还可以充分利用信息技术开展师生、生生的交流,开展师生与媒体的交互,创设协作学习环境,帮助学习者开展协作学习;充分利用信息技术提供的丰富学习资源和各种学习辅助工具,提高学习者探究学习的兴趣,帮助学习者进行自主探究和发现学习;充分利用信息技术提供的学习资源,帮助学习者实践练习,促进其自主建构知识。

四、信息技术支持的学习评价

学习评价是学习质量提升的关键,无论是在传统学习环境中还是在信息化环境中,如果缺少评价机制或评价方法不科学、不合理,那么学习就是单向的信息流动而非真正的教育。学习评价既是在学习目标的基础上对学习效果的一种价值判断(侧重于结果),旨在通过结果反思调整学习目标,也是在学习过程中对学习者学习进展与变化的一种反馈(侧重于过程),旨在完善和改进学习。社会培训中的学习评价是指立足培训教学目标,充分发挥智能化信息技术优势,让技术记录学习者的知识积累和能力素养提升数据,用数据描述学习者的学习特性和学习状态,全方位构建精准的学习评价方法和评价模型,动态生成学习评价结果,以精准的学习评价结果改善和促进学习者的学习,并引导学习者学会自主学习。[①]

培训师利用信息化设备、工具和平台等,可以采集学习者多维学习数据,筛选、整理与分析数据,对学习者的学习情境进行精准诊断,通过可视化的方式及

---

① 程光胜.智能技术赋能职业教育精准学习评价的框架设计与实践探索[J].当代职业教育,2021(6).

时反馈评价结果。培训师利用可视化技术,可以把计算机生成的抽象内容以图形界面友好的方式展示给学习者,让学习者直观地获取自身在特定阶段的学习评价信息。例如,培训师可以利用学习画像,多维度地展示学习者的学习状况,既可以从知识维度、技能维度、素养维度生成 KSA 模型(其中,K 代表 Knowledge,即知识;S 代表 Skill,即技能;A 代表 Attitude,即态度或素养),也可以从认知维度、情感维度、态度维度生成学习状态模型。

在有些社会培训机构开展的培训教学中,每位学习者都拥有属于自己的个性化数据库。培训师利用智能技术,可以在课后为每位学习者生成一份报告。基于这些报告,学习者能够精确地诊断自己的学习状况。

五、信息技术支持的未来课堂

基于信息技术,未来课堂的应用场景主要包括智能技术助力精准施教的课堂教学活动、基于资源运用的在线学习活动、基于师生全生命周期的大数据管理评价。

(一) 智能技术助力精准施教的课堂教学活动

在未来课堂中,以培训师为主导的教学活动主要分为三个阶段。一是课前阶段,以学情分析为核心。培训师可以借助智能技术进行学情分析和诊断,生成学习者的个性化画像,同时利用云平台进行智能备课,并向学习者学习终端智能推送预习任务。二是课中阶段,以多元交互为关键。以 3D 全息课件为代表的新型教学内容将助力多模态课程资源的建设,同时可以实现培训师、学习者、资源和环境等要素的多维动态交互,有效提升学习者的高阶思维能力。三是课后阶段,以个性化辅导为重点。培训师利用智能技术,可以实现培训师、学习者、资源和环境等要素的多维动态交互,有效提升学习者的高阶思维能力。[①]

(二) 基于资源运用的在线学习活动

以学习者为主体的在线学习活动主要通过提供优质的学习资源、创设在线

---

① 王鉴,安富海,李泽林."互联网+"背景下课程与教学论研究的进展与反思[J]. 教育研究,2017 (11).

学习场景来提升课堂服务效能。第一,数字学习资源的质量是影响在线学习成效的重要因素,以课程教材为代表的优质资源是在线学习的主要内容。基于这些优质学习资源,培训师可以通过云端教研和协同办公助力学习者课后巩固练习,强化在线学习效果;学习者可以据此自主选择学习路径,实现泛在学习。第二,在全息技术等的支持下,学习者可以通过智能终端随时切换在线学习场景,以获得沉浸式学习体验,实现与环境、资源的远程即时交互,便于弹性学习。

(三)基于师生全生命周期的大数据管理评价

智能技术让未来课堂教学管理和评价有了更高的效率与效益。在管理环节,社会培训机构运用智能教务管理系统进行分层分级管理,一方面可以整体分析各分校的教学情况、学习者的学习情况、资源的应用情况等,为课堂教学管理的整体评价提供依据;另一方面可以以分校为单位查看各培训师利用智能技术的备课情况、教研情况等,为整体的区域教学应用提供统一的数据采集、分析、研判和辅助决策等,使课堂管理朝着数据化、智能化、精细化的方向演进。在评价环节,基于师生全生命周期的大数据,进行面向师生的全过程纵向评价和全要素横向评价,同时进行培训师课堂质量评估和学习者综合素质评价,从而实现课堂教学的过程性评价和增值性评价。

第三节　培训师的必备技术

一、资源设计开发技术

在信息技术环境下,资源设计开发能力是培训师需要具备的重要能力。培训师应该能够借助搜索引擎获取所需的备课和授课素材,能够对传统媒体资源进行数字化处理,能够借助常见的工具设计开发数字资源,能够借助相关的技术,设计开发教学内容。下面结合具体的案例来简要说明相关技术。

（一）资源检索与管理技术

培训师在工作中需要了解本专业的常见资源库,能够通过搜索引擎检索到教学所必需的资源,知道如何下载图片、音频、视频、文本等素材。例如,通过搜索引擎检索图片、文本等;通过专业网站检索教学视频;通过相关视频播放软件检索优质视频资源。

（二）传统媒体资源数字化处理技术

除了检索相关资源,培训师还需要对传统媒体资源进行数字化处理,将常见的媒体资源转变为数字化格式,如将纸质文本转变为可编辑的文本,将文本转变为音频等。在纸质媒体资源数字化方面,可以借助 pandaOCR 来实现。在文本转音频方面,可以借助智影等工具来实现。

（三）多媒体课件开发技术

随着多媒体技术的不断进步,多媒体课件的应用成为影响培训效果的重要因素之一,多媒体课件的制作能力也成为培训师需要掌握的基本技能。

多媒体课件建立在文字、图像、声音、动画等多媒体信息素材的基础上,设计者通过创意将这些素材融合在一起,进而产生交互性。一方面,多媒体课件精美的"外衣"界面能够有效吸引学习者的注意力,调动学习者的积极性;另一方面,多媒体课件的结构和内容往往紧紧围绕着教学的中心内容,有助于学习者理解知识点和进行创新,其中的具体案例有助于学习者分析、总结和归纳知识内容。多媒体课件的应用,能够优化学习者的学习环境,提高学习者的学习能力。制作多媒体课件的过程中,培训师会不断完善自己的知识结构,更新教学观念和教学方法。培训师在制作多媒体课件的过程中,利用网络还可以了解到更多、更好的教学资料和教学思想。

1. 常用的多媒体课件开发工具

（1）演示类工具。"易企秀"是一款针对移动互联网营销的手机幻灯片、H5场景应用制作工具。它将原来只能在计算机端制作和展示的各类复杂营销方案转移到更为便携的手机上,用户随时随地可以根据自己的需要在计算机端、手机端进行制作和展示,随时随地可以营销。"数字故事"是一种运用数字化技术来讲述故事的工具。数字时代的到来给我们带来了全新的变化,使得我们的表达方式与以往有所不同。课件的数字化艺术表达是指在教学的过程中编写故事,加入文字、图像、声音等多媒体元素,从而创造出可视化的故事。①

（2）动画制作类工具。培训师利用动画制作软件可以制作出丰富多彩的动态效果,呈现出复杂的事件发生过程、转瞬即逝的科学现象等,通过各类学科知识的再现和模拟来帮助学习者学习。常用的动画制作软件包括两类。一是二维动画制作软件,如 Flash、Photoshop。Flash 是一种应用广泛的动画制作软件,好用又简单易学;Photoshop 是一种辅助的图像处理软件,培训师应用它可以处理动画中的图片。二是三维动画制作软件,如 3D Studio Max、Maya。3D Studio Max 在国内主要用于建筑动画的制作,Maya 主要用于角色动画制作。

（3）视频、音频制作类工具。音频包括声音和音乐,在多媒体课件中主要用于文字解说、语音提示、增强音效等。培训师不仅可以从网络和光盘中获取音频素材,还可以通过麦克风、录音笔等设备采集语音。在多媒体课件中,视频素材是不可缺少的重要元素。常用的视频转换工具包括格式工厂、RealMedia 编码器等。视频素材的获取方法如下:①使用数码摄像机拍摄,然后导入计算机用视频编辑软件处理,常用的视频编辑软件包括 Premiere、VCDCutter 等;②直接从光盘或其他视频文件中截取视频片段,暴风影音、优酷等播放软件往往也支持视频片段的截取;③用屏录软件捕获屏幕动态图像,常用的软件包括屏幕录像精灵、Hy-perCam、Snaglt、屏录专家等。②

2. 多媒体课件开发的注意事项

（1）素材选取贴切。制作多媒体课件时,培训师应该根据教学内容,选择适合展示内容的素材。整体版面和素材的搭配在满足需求的基础上,应该尽量简洁美观,不过分加入多媒体元素,装饰性元素尽量边缘化显示(见图 4-1)。

① 李夏,勾俊伟.新媒体运营技术与应用[M].北京:人民邮电出版社,2020.
② 王冬.虚拟现实技术在多媒体课件开发中的应用[J].辽宁农业职业技术学院学报,2021(1).

图 4-1　素材选取贴切示例

（2）主题内容突出。课件制作过程中，不能为了课件的美观与新颖而忽视教学内容本身的质量，否则就是本末倒置，不利于学习者的学习和提高。在多媒体课件制作过程中，制作者必须记住，内容是最重要的，采用不同的形式是为了提高相关内容的展示和呈现效果（见图 4-2）。

图 4-2　主题内容突出示例

（3）课堂互动充分。培训师不一定要追求特别复杂的设计，或者看上去非常炫目的功能。沟通有时候很简单，互动也一样。WPS（Word Processing System）本身就提供了审阅功能。培训师完全可以让学习者利用演示文稿的审阅功能，将疑问和意见添加进来。

二、授课支撑技术

目前常见的线上教学类型主要分为直播、录播两类。

（一）直播类工具

网络教学不是课堂教学的网络直播，但培训师在培训中恰当使用直播工具也是必要的。可以实现直播的工具很多,主要包括三类:(1)通用型工具,包括腾讯会议、QQ群视频、钉钉、WeLink、OBS(Open Broadcaster Software)等;(2)课堂翻转工具,包括慕课堂、蓝墨云班课、雨课堂;(3)具有直播功能的应用软件,如企业微信可以用于直播,也支持视频会议等。

腾讯会议和钉钉不仅可以用于教学,还是实现远程办公、在线办公的重要工具。例如,钉钉不仅具有设置企业群、召开电话会议、发布公告、收藏、标记未读、消息定时提醒等基础功能,还提供订餐商旅、签到、考勤打卡等特色功能。疫情期间,钉钉、企业微信、WeLink等综合类沟通协作工具,腾讯会议、小鱼易连、ZOOM等视频会议协作工具,WPS、石墨文档、腾讯文档、金山文档等文档协作工具,Teambition、Trello等任务管理类工具,都获得了较多的用户。[①] 以下介绍几种便捷的工具。

雨课堂是清华大学在线教育办公室和学堂在线基于微信共同开发推出的工具,功能多样,操作简便,内容丰富。雨课堂的主要特色包括教学呈现、学生管理、试题测试、统计评价等。实践结果表明,使用雨课堂开展混合式教学,有利于培训师培养学习者的自主学习能力,有利于培训师与学习者交流、互动,有利于吸引更多的学习者参与学习。

OBS是一款免费的第三方推流直播录像工具,比XSplit占用资源少些。培训师利用它可以推流哔哩哔哩、Twitch、Dailymotion、Ustream、YouTube Live等,可以推流抖音、火山小视频、斗鱼、西瓜视频等,还可以推流与电脑相连的其他采集源(如摄像头、单反相机、eyemore Live设备)。它可以弥补直播互动工具信号推送的局限,自由组合多个视频源进行统一直播,如将映射键盘、主播页面、虚拟主播页面、屏幕操作页面等集成到同一画面中开展直播,或结合不同信息源的信号进行按需导播。

希沃云课堂是国内广泛使用的电子白板工具"希沃白板5"的功能组件。不同于腾讯会议等传统线上会议工具,其直播功能支持学科工具与课堂活动的发

① 郭依正,焦逢逢.论实现线上教学的方法与工具[J].电子制作,2020(4).

布。培训师在云直播中能够使用汉字、拼音、几何、图形等主要学科工具,这有助于不同学科的培训师进行线上指导。它具有主客观答题板发放功能,对于客观题,可以自动统计得分情况;对于主观题,学习者提交两幅图片后,培训师可以选择一幅图片插入并进行实时点评,点评内容也能在课堂回放中看到。

(二)录播类工具

常用的录播类工具包括 oCam、FastStone Capture、Camtasia Studio、WPS 等。其中,前两个工具小巧易用,oCam 的录屏页面见图 4 - 3,FastStone Capture 的录屏页面见图 4 - 4,培训师只需要正确设置麦克风,点击录制即可录播。以下介绍几种屏幕录制工具。

图 4 - 3 oCam 的录屏页面

图 4 - 4 FastStone Capture 的录屏页面

1. IPEVO Annotator——全能屏幕录制工具

IPEVO Annotator 是一款便捷的白板批注工具,支持屏幕涂鸦、白板书写、对照白板、屏幕录制等,支持 win、mac 等系统。师生使用 IPEVO Annotator,可以较大限度地发挥自身的创造力。利用注释工具,师生可以在投影到屏幕上的图像上自由绘制和注释,甚至可以使用屏幕截图、屏幕录制等功能来增强学习体验。

IPEVO Annotator 的特色功能如下。

(1) 高级功能

师生可以使用标尺、量角器、剪刀、聚光灯、放大镜等高级工具测量线条或角度,复制所选注释以便在屏幕或白板上使用,突出显示屏幕上的重要内容,或放大屏幕上感兴趣的区域等,见图 4-5。

图 4-5 高级功能示例

(2) 多笔模式

在多笔模式下,培训师和学习者可以同时在投影上书写,见图 4-6。

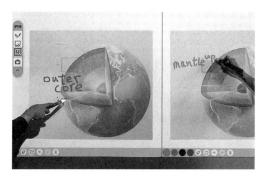

图 4-6 多笔模式示例

（3）实时广播

使用实时广播功能，师生可以通过广播服务实时播报计算机屏幕上的内容，并与他人共享。IPEVO Annotator 支持流媒体直播（可以直播推流微信直播等）。

（4）录播截屏

使用录播截屏功能，师生可以录制屏幕上的活动（可以录制所选区域，也可以录制整个屏幕，见图4-7），还可以进行截屏操作。

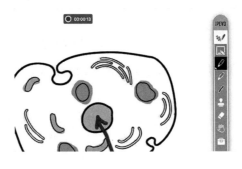

图4-7　录播截屏示例

2. Captura——支持录制键盘操作的录屏软件

Captura 是一款免费开源的多语种屏幕录制工具，它能够将屏幕上的任意区域、窗口录制成视频，可以选择是否显示鼠标、记录鼠标点击、键盘按键、声音。

在 Captura 的视频设置中，师生可以选择录制区域、视频编码器、帧率及质量。在视频上方，师生可以看到鼠标、手指等图标，它们是否处于激活状态决定了视频是否会显示鼠标、鼠标点击痕迹、按下的键盘按键等信息，见图4-8。

图4-8　Captura 操作步骤示意图

3. Screenity——浏览器中的录屏大师

Screenity 的使用很简单,只要在 chrome 市场下载软件即可使用。师生需要点击图标设置录制类型。它支持标签页录制、桌面录制、摄像头录制,见图 4-9。

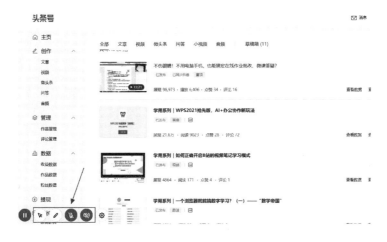

图 4-9 相关功能键位置示意图

开启录制后,还能进行屏幕涂鸦和调整视频镜头。点击暂停按钮,即可进入编辑模式,见图 4-10。

图 4-10 编辑模式示例

Screenity 采用的 Fast Forward Mpeg 压缩技术,支持 webm、MP4、GIF 等多种视频格式,支持简单视频截取,完全可以满足师生的录屏需求。它支持屏幕涂鸦中的录屏,有助于师生进行网课录制与学习笔记标注,见图4-11。

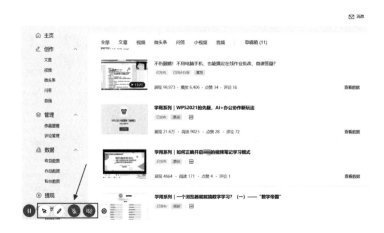

图4-11 更多功能示例

视频压缩下载后的分辨率就是录制的分辨率,传输速度是10至20 MB每分钟,比较适合网络传播。值得一提的是,虽然它是一款浏览器插件,但它完全可以脱机运行,只要打开浏览器就能录屏。

4. Vizard——支持互动评注的录屏工具

Vizard是一款实用的网页端录屏软件,轻巧不占内存。Windows和MacOS均适用。除了在线录屏功能,Vizard还具有录屏简单剪辑、视频语音转文字(自动加字幕)、录制网页选项卡声音等功能。录屏高清、无水印,可以生成播放链接,便于师生转发到微信、QQ等聊天软件,大大省去了上传下载的时间,同时还支持评论,师生可以边看视频边发表评论。

三、日常办公支持技术

以常用的办公软件WPS为例介绍日常办公支持技术。WPS的中文意思为文字编辑系统,这是金山软件公司开发的一种办公软件。它集编辑与打印于一体,具有丰富的全屏幕编辑功能,还提供各种控制输出格式及打印功能,使打印出的文稿既美观又规范,基本上能满足师生编辑文字、打印各种文件的需求。2021年底,WPS官方公众号盘点了其最好用的8个功能:(1)文档云同步,随时随地,轻松访问文档;(2)金山 PDF 转换,不同文件格式轻松实现转存;(3)基于需求选择办公模板及素材;(4)文件可以输出为 PDF,告别排版样式错乱;(5)图片转文字,图片信息也能提取转换;(6)PDF 自由编辑;(7)实现多人编辑,在线协作,文档实时保存;(8)基于 AI 智能美化,高效省时。

2020 年 12 月,教育部考试中心把 WPS 列入考试项目:(1)一级计算机基础及 WPS Office 应用考试大纲(2021 年版);(2)二级 WPS Office 高级应用与设计考试大纲(2021 年版)。其提供的 WPS 教育考试专用版不仅支持 WPS 官方版本的所有功能,还针对教育场景强化了以下功能:(1)班级等自定义团队功能;(2)协作、安全等云存储服务;(3)作业、共享文件夹、调查问卷等校园常用服务;(4)LaTeX 公式、几何图、思维导图等专业绘图工具;(5)简历助手、答辩助手、会议功能、手机遥控、演讲实录等便捷的校园工具;(6)论文查重、文档翻译、文档校对、PDF 转换等 AI 智能快捷工具;(7)提供云字体、版权素材、精品课程等优质内容资源。

师生可以直接在教育版客户端首页左侧的工具栏,找到 WPS 快传、调查、会议、作业、超级简历、论文查重、文档校对、思维导图等功能的直通入口,见图 4-12 和图 4-13。

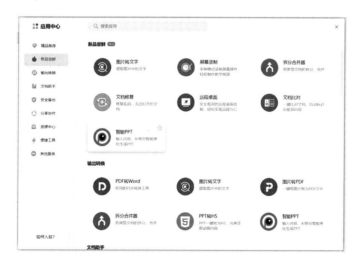

图 4-12 功能示例 1

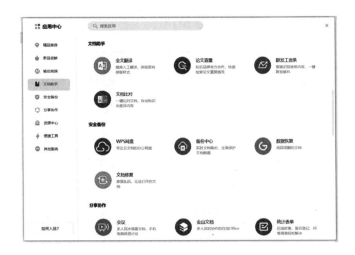

图 4-13 功能示例 2

培训师经常需要对培训需求调研结果、课后搜集的相关评价数据进行一系列的处理。WPS 是一款专业的数据处理软件,它不仅可以记录数据、制作电子表格,还可以对数据进行统计和分析。培训师灵活地掌握 WPS 的使用方法,能够在很大程度上提高工作效率。

【互动 2】

1. 学完本章内容后,请谈一谈作为培训师应该具备的基本的信息素养,尤其是应该具备的关键的信息化教学应用能力。

2. 请对照培训师的信息素养,反思自身,谈一谈您作为培训师的优势以及可以如何进一步提升信息素养。

第五章

安 全 素 养

生命安全是学习者开展学习、培训师开展培训的基础。保护生命安全最重要、最可靠的办法是做好预防工作和掌握必要的安全应急方法。做好预防工作可以尽量避免陷入危急情况。掌握必要的安全应急方法则可以帮助培训师正确处理面对的危急情况。

在本章,培训师可以了解到安全应急的四大原则和面对暴雨、地震、火灾等情况时的应急方法,从而提高自身安全素养,更好地保障自身和学习者的安全。

【互动1】

以下哪些行为具有安全隐患?(多选)请在相应的选项前打"√"。

A. 在办公室、楼道内给电瓶车充电。

B. 在阳光下暴晒花露水、杀虫剂、驱蚊剂、空气清新剂。

C. 电器插头长时间插在插座上。

D. 突然停电后,没有切断电源,也没有拔掉电器的插头。

E. 超年限使用电器、接线板。

(参考答案见本章末)

安全素养是指人类在生存发展和繁衍的过程中,在生产、生活实践的一切领域内,预防、避免、控制、消除意外事故和灾害而形成的内在品质和能力的总和。安全素养包括安全意识、安全知识、安全能力三个维度。[①]

培训师的安全素养对学习者的生命安全有重要影响,安全素养是培训师的一项基本素养。

考虑到篇幅和实际应用,本章只论述培训师需要具备的主要的安全知识。这些安全知识包括:安全应急原则、暴雨应急方法、地震应急方法、火灾应急方法、雷电应急方法、低压触电应急方法、暴力袭击应急方法、集会混乱应急方法、传染病应急方法、信息安全保护方法、情绪控制方法、身体受伤应急方法。

学习完本章知识,培训师的安全意识会得到提高,并且能够通过实际生活中的模拟实践把安全知识转化为安全能力。

---

① 宋佳,徐迎春.中小学教师安全素养调查研究[J].教育理论与实践,2018(11).

第一节　安全应急原则

为了使安全应急行动切实有效,更好地保护自身与学习者的生命安全,在任何危险环境中,培训师都需要遵循重视预防、保持冷静、注重安全、注意配合四条安全应急原则。

一、重视预防

相比在事故出现后采取安全应急行动,把事故的预防和应急工作结合起来是更好的选择。平时,培训师就应该做好事故预防工作。

为了更好地预防事故,培训师需要了解各种事故的预防方法。例如,在防电方面,正确购买和安全使用电器、接线板,及时切断电源,避免长时间通电,关注电器的安全使用期限;在防火方面,不在阳台和过道上堆放杂物,为电瓶车安全充电,让易燃易爆的危险品远离高温环境和火源;在防范传染病方面,及时注意学习者健康状况,准备好消毒液以供师生洗手,保持学习场所通风并定期消毒。有条件的培训师还可以运用信息化手段,完善预防机制,加强预测、预警、预防工作。

二、保持冷静

我们的大脑往往难以兼顾情绪和理性,一旦情绪占据主导地位,理性便不可避免地被弱化,这时人的行为往往是非理性的。因此,遇到突发事件时,过度情绪化不仅不利于找到合适的方法来处理突发事件,还可能错失恰当的处理时机,甚至使用错误的处理方法,使情况变得更加糟糕。可以说,保持冷静是成功处理事故的前提。

三、注重安全

培训师应该明确的是,一切应急行动都要以人的生命安全为首要目标。培训师把保障自身和学习者的生命安全作为安全应急工作的出发点,力求最大限度地减轻事故造成的人员伤亡。

在保障人的生命安全的前提下,培训师应该尽量保护好各种财产,减少财产的损失。切忌为了财产不顾自己和他人的生命安全。

四、注意配合

培训师处理安全事故时应该注意与被救者、其他在场人员、上级主管领导密切配合,共同处理事故。

具体来说,培训师处理安全事故时需要根据自身所在机构的安全预案立即采取行动,并尽快向上级主管领导报告,力求保护好事故现场,以便后续调查处理事故。

培训师如果需要对被救者进行施救,应该根据需要向被救者和其他在场人员提出明确清晰的配合要求,以便施救工作顺利进行。

第二节　自然灾害应急方法

一、暴雨应急方法

暴雨是常见的自然现象,人们往往容易忽视暴雨带来的安全问题。实际上,由暴雨导致的人身财产严重损失的情况屡见不鲜。为了更好地保护自身和学习者的安全,培训师面对暴雨时可以使用以下应急方法。

（一）暴雨预警达到黄色或橙色级别时的应急方法

在培训时间前后下起暴雨，培训师应该及时关注地方气象台是否发布了暴雨预警。如果暴雨预警达到黄色或橙色级别，在学习者前往或离开学习场地的过程中，培训师应该提醒学习者以安全为重，尽量避免穿过低洼地区，不要走被水淹没的道路（特别是地下通道和高架桥下面的通道）。学习者还应尽量避开靠近山体的路段，行走时注意避开漩涡，远离掉落的电线，不要冒雨奔跑等。如果下暴雨时学习者正在上课，培训师应该关好门窗，让学习者尽量留在安全的室内。

（二）暴雨预警达到红色级别时的应急方法

如果暴雨预警达到红色级别，课程还未开始，培训师应该按政府规定告知学习者课程暂停。如果学习者已经在前往或离开学习场地的过程中，培训师应该提醒学习者尽快寻找安全场所避雨。如果学习者正在上课，培训师应该让学习者尽量留在安全的室内，主动检查是否存在室内进水的情况。一旦发现室内进水，培训师必须切断电源，立刻组织学习者转移到安全区域。如果课程结束雨势未见减弱，培训师应该主动提出让学习者留在学习场所避雨直至雨势明显减弱。

二、地震应急方法

虽然地震并不经常出现，但地震具有巨大的破坏力，一旦出现往往会导致重大人员伤亡。培训师适当学习地震应急方法，可以在需要时发挥重要作用。

（一）地震发生时的应急方法

1. 培训师立刻要求学习者听从指挥，镇静避险，果断行动，不推搡拥挤。

2. 当建筑物还在晃动时，不要慌忙往外跑，而应该抓紧时间寻找合适的避震场所。如果学习场地内有低矮家具（如桌子）等遮挡物，培训师可以提醒学习者躲到遮挡物下面；如果学习场地内没有低矮家具等遮挡物，培训师应该提醒学习者远离易掉落、易倒、易碎的物体（如吊灯、玻璃门窗）。[①]

3. 找到合适的避震场所后，培训师应该提醒学习者立刻伏地、遮挡、用手抓牢固定物品。具体来说，应该立刻卧倒或蹲下，身体尽量蜷曲缩小，头尽量向胸

---

① 张科军.新编院前急救学[M].济南:山东科学技术出版社,2008.

靠拢,用一只手或书包、坐垫等物品盖住头部,然后用另一只手抓住固定物品,闭口。如果没有任何可抓的固定物品或保护头部的物件,则应双手交叉放在脖后,保护头部和颈部。

（二）地震发生后的应急方法

1. 待地震平息,确认外界环境安全后,培训师可以引导学习者有序离开。

2. 在离开时,培训师应该提醒学习者远离室内较危险的区域（如阳台、外走廊、门窗近旁、高大家具和外墙近旁）,靠近室内较安全的区域（如内走廊等开间较小、墙体较多的空间,承重墙内墙根、墙角以及坚固稳定的家具近旁）。

三、火灾应急方法

培训师掌握火灾应急方法,可以更好地控制轻微火情,避免因应对不当导致火情加重。对于严重的火情,培训师通过使用火灾应急方法可以增加自身和学习者化险为夷的可能性。

（一）轻微火情出现时的应急方法

1. 普通物品着火时的应急方法

学习场地内的普通物品（如桌椅、窗帘、书籍）着火,一般可以直接用水灭火。需要注意的是,在普通物品着火时,培训师应该提醒在场人员不要为了让烟雾散去而急于打开门窗,以免空气对流,加大火势。

2. 电器着火时的应急方法

电器着火时,培训师应该先切断连接电器的电源,再用干粉或二氧化碳灭火器灭火。不可直接向电器泼水灭火。

如果是电视机或电脑着火,应该先切断电源,再拿着厚棉被从侧面靠近,用厚棉被盖住起火处。不可直接向着火的电视机或电脑使用灭火器,因为突然降低它们的温度,会使里面炽热的显像管爆炸。

3. 身上衣物着火时的应急方法

有人身上衣物着火时,培训师应该提醒着火者不要惊慌奔跑,以免火苗更大,而应迅速脱掉衣物或者就地翻滚。培训师可以用厚重衣物或厚棉被帮忙覆盖着火部位以灭火,但不可用尼龙材质或其他人造纤维质衣物扑火,否则情况会更加严重。

如果明确知道着火者的皮肤未被伤及,也可直接浇水灭火。如果着火者的皮肤已经被伤及,则不可直接浇水灭火,否则烧伤处可能会发生感染,也不可用灭火器直接朝着火者喷射,多数灭火器的药剂会使烧伤处发生感染。

（二）火场逃生时的应急方法

发现失火时,培训师先要判断起火点的位置和烟雾扩散的方向,尽快拨打火警电话,提醒学习者不惊慌、不拥挤、不推搡,再根据具体情况采取相应的行动。

1. 可逃生的情况下可以采取的行动及注意事项

可以采取的行动包括以下几点:(1)如果身处平房,门的周围火势不大,培训师应该迅速带领学习者离开火场,如果门的周围火势较大,可以选择从其他出口脱身,如从窗口跳出;(2)如果身处多层或高层楼房,培训师应该提醒学习者不要盲目奔跑,更不要跳楼逃生,培训师应该提前熟悉所在建筑的消防安全疏散路线,在逃生时迅速带领学习者走消防安全疏散路线脱险,并提醒走在最后的学习者随手关闭防火门;(3)穿过烟雾逃生时,培训师应该提醒学习者尽量把身体贴近地面,弯腰或匍匐前进;(4)在不耽误逃生时间的情况下,培训师可以尽量找到湿毛巾、手帕等让学习者捂住口鼻,最好有自救防烟呼吸器供学习者使用。

逃生时要注意以下几点:(1)不要因慌乱就习惯性地朝有光的方向跑;(2)不要习惯性地往出入口或楼梯间奔去,要冷静寻找其他疏散通道;(3)不要跟随其他人盲目行动;(4)不要习惯性地在狭窄的角落里躲避;(5)不要抱有侥幸心理而从三楼及以上的楼层往下跳;(6)逃生时不要搭乘电梯;(7)逃生时不要因寻找湿毛巾捂住口鼻而耽误最佳的逃生时间。[①]

📌 **敲黑板**

火灾应急特别注意事项包括以下几点:

(1) 物品着火时,不要急于打开门窗让烟雾散去;

(2) 不可直接向电器泼水灭火;

(3) 不可直接向着火的电视机或电脑使用灭火器。

---

① 昧爽,徐升.公民安全应急知识读本[M].北京:中国社会出版社,2005.

2. 不可逃生的情况下可以采取的行动

如果逃生通道已经被浓烟封堵,无法逃生,培训师可以采取以下行动:(1)与学习者一起退回到学习场所内,然后紧闭门窗以隔断火路,可以将背风的窗户打开,并晃动鲜艳物品、敲打金属物品,向外界求救;(2)有条件的话还可以用湿布条封堵门缝,并向门窗泼水降温以延缓火势。

四、雷电应急方法

雷电是常见的自然现象,具有极大的破坏力,但由于其造成人员伤亡的情况较少,人们容易心存侥幸,对待雷电较为大意。为了确保自身和学习者的安全,当出现或即将出现雷电天气时,培训师需要提醒学习者注意以下几点:(1)关好门窗;(2)尽量不拨打或接听电话,因为避雷针只能保护建筑物,对沿架空电线、电话线侵入的雷电波无能为力;(3)尽量不使用电器,并且拔掉电源插头,以免电器损坏或引发火灾;(4)远离金属门窗、房屋内墙、有电源插座的地方,尽量处于房屋中间,不走到阳台上去;(5)不靠近、触摸金属管线,包括水管、暖气管、煤气管等;(6)不穿湿的衣服,不靠近潮湿的墙壁。[1]

第三节 人为伤害应急方法

一、低压触电应急方法

低压触电在本书中是指人接触到家用 220 伏的电源。以下方法只适用于此种情况,其他情况(如接触高压电线)均不适用。

---

[1] 高开华.当代大学生安全知识读本[M].合肥:中国科学技术大学出版社,2013.

（一）帮助学习者脱离电源时的应急方法

发现学习者触电，培训师不能直接用手拉触电的学习者，这有可能让自己也触电。培训师应该根据现场具体条件决定如何帮助学习者。具体包括以下几点：(1)如果开关或按钮距离触电地点很近，应该立刻切断电源；(2)如果开关距离触电地点很远，可以用干燥的带有绝缘柄(手握绝缘柄)的工具(如木棒、木板、竹竿等)迅速将电线挑开，也可以用绝缘手钳或带有干燥木柄的斧、刀、铁锹等切断电线，注意切断的应该是来电侧的电线，并且切断的电线不可触及人体，千万不能使用任何金属棒或湿的导电体来挑电线；(3)如果触电者的衣服干燥且没有紧缠在身上，培训师可以站在干燥的木板上，或用干衣服、干围巾等对自己的一只手进行严格的绝缘包裹，然后用这只手脱掉触电人的衣服，使他脱离带电的衣服，千万不要用两只手来操作，不要触及触电者的皮肤，也不可拉触电者的脚，并且此方法只适用于低压触电应急处理，绝不能用于高压触电的抢救；(4)如果触电者在较高处触电，培训师必须采取保护措施，防止切断电源后触电者从高处摔下。①

（二）学习者脱离电源后的应急处理

学习者脱离电源后的应急方法具体包括以下几点：(1)如果触电者神志清醒，应该使其就地仰面平躺，对其进行严密监视，暂时不让触电者站立或走动；(2)如果触电者神志不清，应该使其就地仰面平躺，确保其气道通畅，同时呼叫触电者或轻拍其肩部，以判断触电者是否丧失意识，并尽快呼叫120送医抢救，千万不能摇晃触电者的头部；(3)如果触电者已丧失意识，应该在10秒内用看、听、试的方法迅速做出伤情评估，即看触电者的胸部、腹部有无起伏；听触电者的口中有无呼气声；用指触摸触电者一侧喉结旁的凹陷处，确认其颈动脉有无搏动。如果触电者无呼吸，颈动脉有搏动，则需要进行人工呼吸；如果触电者有呼吸，颈动脉无搏动，则需要进行胸外心脏按压；如果两者都无，则可以判断触电者呼吸和心跳都停止，应该使用人工呼吸法和胸外心脏按压法进行抢救。

---

① 高伟,朱涛.部队健康教育大讲堂[M].北京:军事医学科学出版社,2013.

二、暴力袭击应急方法

在现代社会，人们越来越少遇到暴力袭击事件，这使得人们在面对突如其来的暴力袭击时可能会恐慌、迟疑、不知所措。培训师可以采取以下行动来保障学习者的生命安全：（1）当发生暴力袭击事件或听到防暴警报时，培训师应该立即停止一切教育教学活动，提醒学习者就近进入教室或专用场所；（2）学习者进入教室或专用场所后，培训师应该关上并反锁教室或专用场所的前、后门，用桌椅顶住门；（3）培训师站在前门或后门旁，关注外面的情况，如果有其他学习者需要就近进来避险，应该视情况放进来；（4）培训师组织学习者在教室或专用场所内安静就座，不喧哗，不慌乱；（5）如果有受伤者，立刻施救并拨打120急救电话；（6）保护好事故现场，以便在结束后协助警方工作；（7）培训师做好事故善后处理和总结工作，做好对学习者的安抚工作。

三、集会混乱应急方法

集会混乱应急方法包括以下几点。一是做好充分的准备工作。培训师在开展多人培训活动前，需要确认活动场所是否符合安全要求，并准备好清晰完善的安全应急方案。培训师尤其需要清楚各逃生出口和具体的逃生路线，以便紧急情况下尽快离开。二是冷静引导学习者走逃生路线。活动中发生意外事故后，培训师需要提醒学习者保持冷静，不要盲目跟随人群逃窜，避免拥挤踩踏事故的发生，让学习者跟随自己的指令通过逃生路线逃生。三是引导学习者在拥挤的人群中做好自我保护工作。如果事故发生迅速，人群中出现拥挤现象，培训师和学习者应该根据具体情况采取相应的措施。如果拥挤的人群朝着自己行走的方向涌来，在有地方暂避的情况下，应该立刻躲避到一旁，避免被绊倒、被踩踏。当自己无法躲避时，不要逆着人流前进，以免被推倒在地而被踩踏。陷入人群随人流拥挤时，提醒学习者不要采用体位前倾或者低重心的姿势行走，应该双手握拳放在胸前，类似拳击手的防守姿态，这样可以尽量避免胸腔被挤扁。这时即使自己的鞋子被踩掉也不要弯腰去提鞋或系鞋带。尽量抓住附近坚固牢靠的东西，待人群过去后再迅速离开现场。如果自己不幸被推倒,要设法靠近、面向墙壁,身体蜷成球状,双手在颈后紧扣,以保护自己身体最脆弱的部位,避免因被踩踏而受到伤害。发现自己前面有人突然摔倒,要马上停下脚步,大声呼救,告知后面的人群不要向前靠近,防止他人因被踩踏而受到伤害。[①] 如果带着孩子遭遇拥挤的人群,最好把孩子抱起来,避免其在混乱中被踩伤。

四、传染病应急方法

培训师提高对传染病的警惕性,了解传染病的应对方法,有助于及时遏制传染病的传播。

(一) 判断出现传染病的依据

1.同一个班级,1 天内有 3 位及以上的学习者患病或者连续 3 天内有多位学习者(5 位及以上)患病,并有相似症状(如发热、腹泻、呕吐)。

2.发现患传染病或疑似传染病的病人。

3.个别学习者出现不明原因的高热、呼吸急促或剧烈呕吐、腹泻等症状。

4.发生群体性不明原因的疾病或者其他突发公共卫生事件。

(二) 出现传染病时的应急方法

1. 向相关负责人报告

发现患传染病或疑似传染病的病人时应该立即向相关负责人报告。相关负责人根据传染病类别、发病人数、病情等,在两个小时内分别向属地卫生部门、主管部门、社区上报。任何人不得瞒报、谎报、缓报相关情况。一经发现将视情节后果追究责任,严重者可以依法追究刑事责任。

2. 妥善安置相关人员并做好善后工作

妥善安置相关人员并做好善后工作,具体包括以下几点。

对患疑似传染病的病人,在明确诊断前,应该安排其在培训机构隔离室进行医学观察;不能确诊的,相关负责人应该安排专人送其到当地医疗机构诊断,并

---

① 庄清发.居民安全应急常识手册[M].广州:中山大学出版社,2022.

全程做好防护措施。

经疾病预防控制机构、医疗机构确诊后,应提醒、鼓励学习者及时进行隔离治疗。

对引起传染病传播的可疑物品要进行封存,控制传染源,切断传染途径,防止疾病扩散,等待疾病预防控制机构检测和处理。

对被患传染病的病人、病原携带者等污染的场所、物品,相关负责人要指定工作人员做好消毒处理;对密切接触者,相关负责人应采取必要的检查和预防措施,并进行医学观察。

患传染病的病人在医院接受治疗时,未经相关负责人同意,任何同学、同事不得前往探望。

暂时停止上课和其他集体活动,同时加强对校门的出入管理,控制人员的进出。

五、信息安全保护方法

《中华人民共和国民法典》第一千零三十四条规定:自然人的个人信息受法律保护。个人信息是以电子或者其他方式记录的能够单独或者与其他信息结合识别特定自然人的各种信息,包括自然人的姓名、出生日期、身份证件号码、生物识别信息、住址、电话号码、电子邮箱、健康信息、行踪信息等。

近年来,随着个人信息的价值提高,一些不法分子通过各种手段收集大量的个人信息后在黑市场转卖,买家拿到数据后可能进行大量的广告推送,实施电信诈骗,甚至直接危及个人生命安全。一旦个人信息泄露,我们很难及时、有效地进行处理。因此,培训师应该重视保护自身和学习者的个人信息。培训师应该主动接受信息安全意识教育,不断更新信息安全知识,提高信息安全保护能力。

为了保护自身和学习者的个人信息,培训师应该主动避免收集学习者的个人信息,如不随意要求学习者提供身份证件和银行卡,不以调查、抽奖等形式收集个人重要信息。培训师不能随意在网络上发布、泄露、篡改、毁损收集的学习者个人信息,未经被收集者同意,不得向他人提供个人信息(《中华人民共和国网络安全法》第四十二条）。培训师还应该安全使用存储了自身和学习者个人信息的设备，如计算机和手机。

（一）安全使用计算机

1. 防范计算机病毒

病毒进入计算机时，会删除、修改或复制重要的个人信息，甚至远程操控计算机，窃取重要的个人信息。[①] 为了防范计算机病毒，我们可以采取以下行动。

定期升级计算机系统和病毒库。定期升级计算机系统有助于提升计算机性能，从而减少病毒入侵的机会。定期升级病毒库有助于计算机及时预防和查杀新出现的病毒。

开启防火墙和入侵检测系统。防火墙可以通过检测、限制、更改跨越防火墙的数据流，尽可能对外部屏蔽内部的信息、结构恶运行状态，从而保护内部网络信息、资源等不受外部侵犯。入侵检测系统可以发现网络或系统中是否有违反安全策略的行为和被攻击的迹象，然后采取相应的保护措施。

定期扫描系统漏洞。漏洞扫描技术是一种重要的网络安全技术。它与防火墙、入侵检测系统互相配合，能够有效提高网络的安全性。使用者能根据扫描的结果修补网络安全漏洞，调整系统中的错误设置。

不随便打开来历不明的邮件、聊天工具、论坛或网页弹出的链接。来历不明的邮件、聊天工具、论坛或网页弹出的链接可能含有病毒或木马。不加选择地打开，很有可能使计算机受到感染，从而让个人信息处于不安全境地。

不随便下载网络上的文件和软件。网络上的文件和软件可能被嵌套了病毒或木马。尽量在官网下载相关文件和软件、经过计算机防护系统和防护软件鉴别后再下载相关文件和软件有助于保护个人信息。

抵制不良网站和软件。通过计算机登录不良网站和下载不良软件可能会使计算机中的个人信息被偷偷拷贝，造成个人信息的严重泄露，从而威胁到个人的生命和财产安全。因此，我们应该主动抵制不良网站和软件。

---

① 罗力. 上海市民个人信息安全素养评价研究[J]. 重庆大学学报（社会科学版），2013(3).

2. 正确使用 U 盘和移动硬盘

利用 U 盘和移动硬盘备份计算机中的重要信息是保护个人信息的重要手段。但如果我们没有正确使用它们，反而可能会泄漏个人信息。为此，我们需要注意以下几点。

不将存有个人信息的 U 盘和移动硬盘轻易借给他人。

不随意连接其他设备，避免遭遇中毒和信息泄露、删除、修改等风险。

区分发挥存储作用、数据交换作用的 U 盘和移动硬盘。用于数据交换的 U 盘和移动硬盘要保持常态空白的状态，除非在使用中，否则里面应该保持什么也没有的状态。用于存储的 U 盘和移动硬盘要长期处于安全的环境中，不轻易携带外出。

不直接打开 U 盘和移动硬盘。在 U 盘和移动硬盘感染病毒的情况下，直接打开它们容易造成病毒的传播。为安全着想，我们在打开它们前应该使用扫描杀毒功能确认它们的安全性。

定期将自己的 U 盘和移动硬盘格式化，彻底清除病毒存在的可能性。

如果 U 盘和移动硬盘感染病毒，可以根据不同情况选择不同的处置方法。如果数据在其他存储介质里有备份，就可以直接将其格式化，杜绝病毒的传播，同时对其连接过的电脑进行彻底的查杀。如果数据仅此一份，那么可以在一台不太重要的电脑上对移动介质进行病毒查杀工作，不过此前需要把杀毒软件更新到最新版本。

（二）安全使用手机

1. 谨慎连接公共无线网络

我们很难确认公共无线网络的安全性，因此一般不建议连接。即使要连接，也应该留意选择的网络名称是否正确，避免误选名称相似的无线网络，这类无线网络很有可能是黑客设置的陷阱。最好不用公共无线网络进行涉及金融类和个人隐私类的操作，如登录网上银行在线支付、登录个人社交媒体平台上传个人信息。

2. 正确设置账户名称

有些人习惯把所有账户设定为同一个名称,这样做的话,如果单个账户信息被泄露,其他账户都有可能受到牵连。因此,我们应该在不同软件中使用不同的账户名称。同时,为了加强对账户的保护,我们应该避免把自己的姓名、生日等个人信息作为用户名。

3. 正确设置密码

为了保护个人信息安全,我们应该为自己的不同账号设置不同的密码,并不时地更换密码。对于电脑上的重要文件和数据,我们同样需要设置密码。如果很难记住所有密码,我们可以使用密码管理器来安全管理所有密码。使用密码管理器后,我们只需要记住一个密码,即可登录到具有登录凭据的任何网站。[①]

4. 正确使用社交软件

我们要谨慎对待陌生人的加好友请求。对于需要临时添加的陌生人,我们应该设置一定的朋友权限,避免过度暴露个人信息。如果发现社交软件中多了不认识的人,请核实其身份,如果不能及时核实,应先删除或拉黑处置。

培训师要避免在网络软件上透露自己和学习者的照片、姓名等信息,以免不法分子利用这些信息伤害学习者或冒充培训师欺骗家长。

如果培训师设立了微信群等社交群,则需要严格管理群内的人员,设置入群需要管理员同意。如果发现群里有多个头像相同、名字相同的学习者或家长,培训师要第一时间与家长联系以确认身份,及时通报并清理身份不明的成员。培训师平时要多提醒学习者和家长,除非培训师正式发通知,不然不要在群里转账,谨防上当。

如果社交软件里的好友发布了奇怪的消息,请与他们联系,确认消息的真实性后再进行处理。

社交软件应用出现异常,发现自己可能存在被盗号风险时,请立刻修改社交软件的个人密码。

---

① 黄小龙.互联网中的密码保护探讨[J].工程技术研究,2017(4).

发现有人通过社交软件骚扰或威胁自己,可以先将其删除,再报告给站点管理员。发现自己的照片或视频被人盗用,应该立刻向平台举报,并留下相应的证据,配合平台查验相关行为。

发现有家长上当,应该第一时间与相关家长取得联系,了解事件发生过程,共同收集证据,向培训机构相关负责人汇报并报警,同时对家长进行必要的安抚。

5.正确使用网盘

不在网盘中保存隐私照片、个人证件等重要资料。

不分享个人证件之类的隐私信息。

利用网盘分享文件时使用加密分享方式并设定有效的时间段。

养成定期清理分享文件的习惯,不常分享的可以一个季度清理一次。

为手机网盘设置密码锁,防止账号被盗。

关闭"可以通过手机号搜索到我""将我推荐给通讯录好友"的权限。

关闭自动备份照片和文件功能,防止网盘自动把照片和文件等同步上传网络。

当需要带笔记本电脑外出时,可以先将网盘中的资料缓存在本地电脑硬盘中,限定离线使用时间。

案例:云盘共享泄密

在某教育培训机构工作的小王和几位同事都选用了一款大众化的云盘来存储、传输教学资料,大大提高了工作效率。为此,小王还按年支付费用,成为 VIP 会员。VIP 会员能使用更大的存储空间,同时也可以便捷地进行文档、图片、视频等资料的共享。小王便将日常的备课课件、研发的核心资料都上传到了云盘,开启了时时共享功能,但并未对上传的资料进行加密处理。在一次教学研讨会上,小王和几位同事发现教研组共同研发的教学材料竟然出现在其他机构工作人员的发言中。随后,经过查找,他们在很多网站都发现了自己研发的教学材料。在查找了各方面原因后,他们将罪魁祸首定位在了云盘上。大家一致认为是由于在频繁的文档外发交互中未采取保护措施,未设置打开次数、能否复制、能否打印、能否抓屏等权限,才导致外发资料被盗用、扩散。鉴于所泄露的内容量比较少,且与自身安全意识不强有关,小王等未报案处理,但对自身的云盘进行了强加密。他们学习和掌握了相关的网络安全操作方法,如为手机网盘设置密码锁、关闭自动备份功能。

在信息安全事故已经发生,培训师自身处理不了的情况下,可以上报给培训机构负责人员。如果情况严重,培训师可以根据《中华人民共和国民法典》第一百一十一条"任何组织或者个人需要获取他人个人信息的,应当依法取得并确保信息安全,不得非法收集、使用、加工、传输他人个人信息,不得非法买卖、提供或者公开他人个人信息",向互联网管理部门、市场监督管理部门、消费者保护协会、行业管理部门等相关机构投诉举报。如果构成刑事犯罪的,可以向公安机关报案。确定侵权人后,可以到法院起诉,要求侵权人承担侵权损害赔偿责任。

第四节　一般性安全应急方法

一、情绪控制方法

无论面对何种危急情况,培训师都需要控制好自身的情绪,保持冷静和理性,尽快处理事故。在培训中,培训师保持平稳的情绪,有利于减少教学事故的发生。

（一）在突发安全事故中的情绪控制方法

人遇到突发安全事故时容易产生惊慌、恐惧、紧张等情绪,如果不能迅速恢复平静,很有可能会错过有利的处理时机。培训师在遇到突发安全事故时可以借助以下方法平复心情,变得冷静。

1. 深呼吸

当我们受到外界刺激,心跳突然加快时,身体就会分泌比平时多得多的肾上腺素,导致我们的大脑充血,进而让我们失去理智,产生焦虑情绪,甚至攻击性增强。深呼吸可以帮助我们降低心率,从而平息焦虑、愤怒等情绪。

2. 接纳自己的情绪

当产生惊慌、恐惧、紧张等情绪时,我们可以自我觉察自己的情绪状态,然后告诉自己"我现在感到……我接受自己有这样的情绪"。

3. 集中注意力,进行理性思考

当我们开始理性思考后,理智就会渐渐占据主导地位,情绪则会被弱化。这样,我们就可以冷静下来,集中注意力分析、判断所处的情境,通过思考找到合适的解决方法。

(二)在平时课堂中的情绪控制方法

多数教师在课堂教学活动中只关注学生的情绪而忽视了自身的情绪。其实,教师课堂情绪和课堂组织形式、教学方法、教学手段等因素一样,影响着课堂教学效果。[①] 在现实中,当培训师产生了消极情绪时,同样可以采用一些方法来控制自己的情绪。

1. 缓冲法

当情绪要爆发时,我们可以保持沉默,心里默数 10 个数字,数完后再采取下一步行动。通常情况下,我们在默数完数字后就会平静下来。

2. 转移注意力法

把注意力从引起自己消极情绪的事物上转移到其他事物上,可以帮助我们削弱已有的消极情绪。

3. 暗示法

当发现自己有消极情绪时,我们可以不断提醒自己,如对自己说"冷静处理""我可以冷静下来"。

---

① 朱朕红,罗生全. 教师课堂情绪及其调控[J]. 教学与管理(中学版),2013(10).

如果培训师在课堂中对消极情绪的管理不足,可以在课后进一步练习。课后的情绪管理有助于减少培训师的情绪积压,具体方法包括运动、写作、倾诉、听音乐、重新认知等。

二、身体受伤应急方法

在危急情况下,师生可能会受伤。在师生已经脱离险境的情况下,适当地对受伤的身体进行应急处理,有助于控制身体的受伤程度。培训师应该主动学习一些身体受伤应急方法。

（一）食物中毒应急方法

吃下食物1至2个小时内,中毒者可以将手指放入咽喉部,刺激舌根部和咽后壁,利用咽反射,将食物吐出来,然后尽快到医院就诊。

（二）烧烫伤应急方法

用自来水持续冲洗或浸泡伤处直至疼痛缓解,不要涂擦牙膏、酱油。

如果伤口处有衣裤、饰物等,剪开后再慢慢脱下它们,切勿强行脱下。

如果烫伤的皮肤变红,可以涂抹外用烧烫伤药膏。

如果烫伤的皮肤上产生水泡,不要刺破水泡,不要在伤口上涂抹任何油脂或药膏,而应该用干净的敷料、毛巾或保鲜膜覆盖伤部,尽快到医院就诊。

如果严重口渴,伤者可以口服少量淡盐水。

（三）骨折应急方法

1. 寻找固定用品

在突遭骨折时,如果现场不具备医护条件,可以就地取材寻找代用品,用木棍、树枝、竹板、硬纸板、书本等代替夹板,用绳子、布条、腰带、围巾等代替绷带。

2. 固定伤肢

固定伤肢的夹板及其他材料的长度,一般要超过损伤部位上、下两个关节的长度,关节必须要绑扎,以保证骨折部位不再有活动的余地。绑扎时应注意松紧适度,以免造成伤肢血液循环障碍。

3.尽快到医院就诊

通过以上步骤可以暂时固定伤肢,但为了确保安全,伤者依然需要尽快到医院就诊。

(四) 出血应急方法

如果伤口有出血的情况,可以采用以下方法来止血。

1.压迫伤口止血法

伤口出血时,可以用干净的纱布绷带或毛巾衣物,在伤口处用力包扎。如果出血仍然不能制止,可以用手在伤口上方压迫血管,也可以用布带勒紧伤口来止血。

2.抬高肢体止血法

当手臂或腿部严重出血但又无骨折现象时,可以将出血部位抬高,直至超过伤员心脏,这样可以减慢出血。多数情况下,抬高肢体止血法可以和压迫伤口止血法结合使用。

3.压迫点止血法①

压迫点止血法是指通过压住为受伤部位供血的主动脉来实现止血的方法。如果使用压迫伤口止血法和抬高肢体止血法仍不能止血,可以加上压迫点止血法,三者结合使用,但使用时长不宜过久,以需要为限。如果再次出血,可继续在压迫点加压。

如果为臂部止血,可以压迫中臂动脉。压迫点在大臂内侧、腋窝与肘部中间、肱二头肌和肱三头肌之间的位置。

如果为腿部止血,可以压迫大腿根部的股动脉,将其抵紧盆骨。压迫点在大腿根正面中央、腹股沟褶皱处。

如果出血的部位为鼻子,伤员可以采用以下方法:(1)不慌张,尽量放松,做缓慢而深的呼吸;(2)头稍向前倾,不要仰起;(3)当血液流到口腔时要吐出来,不要咽下;(4)用拇指或食指压迫单侧鼻翼与鼻唇沟相交端点处止血,用嘴进行呼

---

① 黄胜泉,李立生,胡耀华,李忆华.大学生安全教程[M].长沙:中南大学出版社,2005.

吸;(5)用凉的毛巾或冰袋敷在前额鼻根部;(6)如果流血不止,应该立刻到医院就诊。如果鼻子经常出血,要及时到医院检查。

（五）有异物梗阻时的应急方法①

气道有异物梗阻时,千万不能喝水,可以根据实际情况选用以下方法。

一是咳嗽法,即通过用力咳嗽把异物咳出。

二是背部叩击法。如果用力咳嗽不能咳出异物,可以让伤病员低头弯腰,头低于气管,身体前倾,培训师一手支撑其胸部,另一手的掌根部在其两肩胛骨之间,进行最多5次的大力叩击。伤病员借助咳嗽反射有可能会排出异物。

三是海姆立克急救法。如果5次背部叩击仍未解除梗阻,培训师可以站在伤病员身后,环绕其腰部,让伤病员弯腰和头部前倾,培训师一手握空拳,握拳手的拇指侧紧抵伤病员脐上二横指腰部正中;另一手握紧此拳头,用力快速向内、向上冲击5次。如果梗阻仍未解除,继续交替进行5次背部叩击,反复快速冲击直至异物从气道排出。

四是自救法。将上腹部抵压在椅背、走廊栏等坚硬的地方,连续向内、向上冲击,重复操作若干次,直至把气道内的异物清除为止。

（六）昏迷应急方法

给予伤病员一定的刺激(如大声呼唤伤病员,同时轻拍其肩部),如果伤病员没有做出反应但有自主呼吸,说明伤病员发生了昏迷。此时,培训师可以采用以下方法。

1. 立即呼叫救护车。所有的昏迷都提示病情危重,此时,培训师应该尽快拨打120急救电话,让伤病员尽快得到专业医务人员的帮助。

2. 保持伤病员呼吸道通畅。如果伤病员口腔内有异物,培训师需要用手指将伤病员口腔内的异物清理出来,然后让伤病员采取稳定侧卧体位,或者仰卧位头偏向一侧,这样既能避免重力作用导致的咽部组织下坠,又有利于异物的排出。

---

① 杨赳赳,张劲松,肖俊.线上线下混合式运动人体科学实验指导[M].成都:西南交通大学出版社,2021.

3. 密切观察病情。培训师要密切观察伤病员的神志、血压、脉搏、呼吸等生命体征。如果伤病员呼吸停止,条件允许时可以给予人工呼吸;如果伤病员心跳停止,条件允许时可以给予胸外心脏按压;如果伤病员呼吸、心跳都停止了,条件允许时可以进行心肺复苏操作。

（七）休克应急方法

发现伤病员有脉搏微弱、神志淡漠、面色苍白、手足冰凉等症状,表明伤病员已陷入休克。在无任何抗休克药物的情况下,可采取以下急救措施。①

1. 使伤病员平卧并将其下肢抬高,以加速血液向心脏回流,保证心、脑供血送氧。

2. 可用拇指掐伤病员的人中、十宣、涌泉等穴位,使其呼吸和循环系统兴奋并得以调节。

3. 将伤病员上体抬起以免后面补液时液体误入呼吸道,然后将淡盐水或姜汤、热茶等少量多次灌入伤病员的口中。

【互动2】

以下哪些安全应急做法是正确的?（多选)请在相应的选项前打"√"。

A. 电器着火时直接向电器泼水灭火。

B. 在楼上发现失火后立刻向楼下跑去。

C. 被烟雾挡住视线后立刻朝有光的方向跑。

D. 在火场尽量使身体贴近地面,弯腰或匍匐前进。

E. 发现室内进水,首先切断电源。

F. 有异物阻塞气道时大口喝水。

G. 如果学习者呕吐后昏迷,应使其头部偏向一侧,并帮助其清理口腔。

（参考答案见本章末)

---

① 董金明. 公民安全应急手册[M]. 北京:北京体育大学出版社,1997.

【互动1参考答案】

五个选项中的行为都具有安全隐患。解析:A选项中,在办公室、楼道内给电瓶车充电,一旦发生火灾,人员不能得到及时疏散,极易造成重大伤亡事故。B选项中,花露水、杀虫剂、驱蚊剂、空气清新剂含有可燃气体成分,在阳光下曝晒可能引起爆炸。C选项中,电器插头长时间插在插座上不仅浪费电,如果受潮、接触不良,还会短路,造成电器线路的损坏。D选项中,突然停电后,如果没有切断电源或者拔掉大多数电器的插头,当再次来电时,由于瞬间电压过高,可能会击穿电器元件,烧毁电器,甚至引发火灾。E选项中,超过使用年限,电器、接线板的绝缘性、稳定性、可靠性都会下降,有可能会爆炸等。

【互动2参考答案】

D、E、G选项做法正确。解析:A选项中,电器着火时直接向电器泼水灭火容易引起触电。B选项中,在楼上发现失火后,应该先判断火源和烟向再做决定。C选项中,被烟雾挡住视线后不应该习惯性地朝有光的方向跑。D选项中,在火场尽量使身体贴近地面,弯腰或匍匐前进有利于呼吸。E选项中,发现室内进水,首先切断电源,能够在一定程度上避免触电。F选项中,有异物阻塞气道时喝水可能会引起更深的阻塞,应该用力咳嗽或使用海姆立克急救法。G选项中,如果学习者呕吐后昏迷,使其头部偏向一侧,并帮助其清理口腔可以帮助其顺畅呼吸。

后　记

　　2021 年 7 月,中共中央办公厅、国务院办公厅印发《关于进一步减轻义务教育阶段学生作业负担和校外培训负担的意见》(以下简称"双减"政策)。同年,原上海市师资培训中心接受上海市教育委员会委托,承担"上海市培训机构从业人员能力提升"项目的研究和实施工作。在全面调研上海市培训机构从业人员能力水平的基础上,项目组成员意识到,上海作为先行先试省市,要集聚法律、教育、心理等方面的力量编写专门服务于培训机构从业人员培训的职业素养和教育学基础教材,为从事此类人员培训工作的培训者提供专业支持。

　　由于这样的培训内容没有成熟的经验和资料可供参考,所以本书的撰写历时两年,从章节的确定到内容的编撰,每一个文字和标点符号都凝聚着项目组成员的心血,也汇聚着团队成员对上海市乃至全国的培训机构从业人员能力提升的期望。我们希望能够为构筑一个安全、专业的培训市场贡献上海智慧。

　　《新时代培训师职业素养》聚焦社会培训机构从业人员的工作内容和能力发展需要,立足从业人员对社会培训的理解、法律素养、沟通素养、信息素养、安全素养,从知识与实践技能两大维度进行编写。教材由五章构成,其中,第一章为社会培训概述,第二章为法律素养,第三章为沟通素养,第四章为信息素养,第五章为安全素养。随着信息技术在校内外教学中的广泛和深入应用,培训师作为学习的设计者、引导者、服务者,需要具备基本的教育信息技术素养,掌握网络信息安全和伦理方面的知识和技能,因此,教材第五章介绍了网络信息安全方面的相关知识。

　　感谢上海市教育委员会校外教育培训管理处对上海市校外从业人员能力提升

项目及本套教材编写给予的指导,在相关政策文件、法律规范等方面提供了宝贵的咨询建议,确保了本套教材编写的宏观方向性。感谢上海市培训协会全面、专业的支持与配合,为本项目实施、本套教材编写提供了大量的行业动态、专业资讯和信息。感谢为本教材编写付出辛苦智力劳动的上海师范大学成人教育学院,在成人学习规律、教育学理论等方面进行了充分的支持,保证了教材编写的专业性、规范性和学术水准。特别感谢张文强老师统稿以及五位作者的智慧奉献,其中,张杨子琪负责第一章,林泉负责第二章,何茜茜负责第三章,陈霞负责第四章,李文政负责第五章,每个章节都彰显出了五位作者的专业素养。2022年上半年,每周一次的磨稿会,我们彼此陪伴、相互鼓励,用专业和情怀成就了本套教材。

我们希望本套教材能够助力全国各地教育培训机构从业人员的能力提升,助力校外培训机构从业人员的管理水平提升,提升行业治理能力和治理水平,保障落实"双减"改革任务。

上海市校外从业人员能力提升项目教材编写组

2023 年 6 月

图书在版编目（CIP）数据

新时代培训师职业素养 / 陈霞, 张涛编著. -- 上海:
上海教育出版社, 2023.8
ISBN 978-7-5720-2175-6

Ⅰ.①新… Ⅱ.①陈… ②张… Ⅲ.①职业培训－教
师素质－研究 Ⅳ.①G451.6

中国国家版本馆CIP数据核字(2023)第143295号

责任编辑　杜金丹
书籍设计　王　捷

新时代培训师职业素养
陈　霞　张　涛　编著

出版发行　上海教育出版社有限公司
官　　网　www.seph.com.cn
地　　址　上海市闵行区号景路159弄C座
邮　　编　201101
印　　刷　上海景条印刷有限公司
开　　本　700×1000　1/16　印张 9.5
字　　数　140 千字
版　　次　2023年10月第1版
印　　次　2023年10月第1次印刷
书　　号　ISBN 978-7-5720-2175-6/G·1941
定　　价　48.00 元

如发现质量问题，读者可向本社调换　电话:021-64373213